速報版 税理士が押さえておきたい

民法相続編の改正

税理士 岡野 訓・濱田康宏・内藤忠大
白井一馬・村木慎吾
司法書士 北詰健太郎

清文社

は じ め に

　2016年11月17日のブログ（tax ＭＬ税法実務情報）に、「法制審議会　配偶者の相続分引上げ『国民的同意なし』と認識」というタイトルで法制審議会民法部会での審議内容を伝える書込みをしました。その最後に「民法改正動向については来年以降も引き続き、注目していきたい。」とコメントしたところ、その日のうちに、清文社さんから民法（相続法）改正本の執筆依頼が来ました。早速、同じ勉強会のメンバーである５人に相談したところ、「我々税理士、司法書士も当然勉強しなければならない内容だから、自分たちの勉強のために執筆しよう。」と皆の同意を得て、この本の企画がスタートしました。

　さて、税理士にとっての民法（相続法）といえば、主に相続税の分野で発揮される知識です。しかしながら、資格試験の受験科目には入っていないため、税理士の執筆メンバーで体系的に学習した者は一人もいません。唯一の専門家である北詰司法書士のアドバイスを受けながら執筆を進めてまいりました。本書の随所に「司法書士北詰の目」という小窓が出てくるのは、そういう理由です。

　また、原稿作成段階では、弁護士の間瀬まゆ子先生に、現在の家裁実務の取扱いについてご教示いただいた箇所がいくつかあります。当初、既存書籍等で公表されている話を書こうとして、現在の実務は変わってきているのだとご指摘いただけたことなど、この場を借りて、お礼を申し上げます。

　本書の構成は、冒頭に総論を語り、その後、各論に入っていくという組み立てとなっています。各論の後には、資料として改正民法に対応した遺言書のひな型や遺産分割協議書のひな型を掲載するととも

に、相続法改正の歴史や改正条文の新旧対照表なども掲載しています。

　実に約40年ぶりに見直しがされた相続法について"税理士の目線で"税理士業務にどのような影響があるのかを簡潔に、そして丁寧に解説しております。日々実務に追われてしっかりと腰を据えて勉強する時間の取れない所長先生はもちろんのこと、税理士事務所の実務に携わる職員の皆さんにも広く手に取っていただければと願ってやみません。

　最後に、本企画のきっかけを作っていただいた清文社さんと快く執筆を引き受けていただいたメンバーに感謝の意を伝え、あいさつの言葉とさせていただきます。

　この度は、本書を手に取っていただき、誠にありがとうございました。

　2018年7月

執筆者代表　　岡野　　訓

総　論
── 対話でつかむ民法改正 ──

- 税理士実務に影響がある部分を切り出して解説 ………………… 2
- 配偶者の居住権の保護 ……………………………………………… 2
- 遺産分割に関する見直し等 ………………………………………… 6
- 遺言制度に関する見直し …………………………………………… 9
- 遺留分制度に関する見直し ………………………………………… 11
- 相続の効力等に関する見直し ……………………………………… 14
- 相続人以外の者の貢献を考慮するための方策 …………………… 15

各 論

― Q＆Aで学ぶ改正点と税理士への影響 ―

1 配偶者の居住権を保護するための方策 ……………………… 18

2 配偶者保護のための方策 …………………………………… 29

3 仮払い制度等の創設・要件明確化 ………………………… 35

4 自筆証書遺言の方式緩和と遺言書の保管制度の創設 ……… 41

5 遺留分の算定方法の見直し ………………………………… 49

6 遺留分減殺請求権の効力及び法的性質の見直し ………… 54

7 相続の効力等（権利の承継）に関する見直し …………… 60

8 相続の効力等（義務の承継）に関する見直し …………… 64

9 相続人以外の者の貢献を考慮するための方策 …………… 68

10 相続税の課税方式の変遷 …………………………………… 75

11 施行期日 ……………………………………………………… 81

資　料

資料 1　遺言書ひな型（別紙に物件等目録を添付する方式）‥‥‥ 88

資料 2　遺言書ひな型（別紙として目録等を添付する方式）‥‥‥ 90

資料 3　遺産分割協議書 ‥‥‥‥‥‥‥‥‥‥‥‥‥‥‥‥‥‥ 94

資料 4　相続法制改正の歴史 ‥‥‥‥‥‥‥‥‥‥‥‥‥‥‥ 96

資料 5　民法（相続関係）等の改正に関する要綱案 ‥‥‥‥‥ 99

資料 6　民法改正の新旧対照条文 ‥‥‥‥‥‥‥‥‥‥‥‥ 118

資料 7　法務局における遺言書の保管等に関する法律 ‥‥‥‥ 138

《凡例》

要綱案 ‥‥‥‥‥　民法（相続関係）等の改正に関する要綱案

民集 ‥‥‥‥‥‥　最高裁判所民事判例集

家月 ‥‥‥‥‥‥　家庭裁判月報

（注）本書の内容は、平成30年7月20日現在の法令によっています。

総　論

── 対話でつかむ民法改正 ──

税理士実務に影響がある部分を切り出して解説

岡野 平成30年度の第196回通常国会に、民法相続編の改正案が提出され、平成30年7月6日に成立しました。我々税理士の実務にも非常に大きな影響がある改正だと認識しています。

白井 はい。本書では、影響のある部分とない部分を切り分けて、影響のある部分については、各論で取り扱うというスタイルをとりたいと考えています。その際に、司法書士の北詰健太郎先生に、適宜アドバイスをいただくこととします。

北詰 法務的な側面、登記面での影響を中心にお話しできればと考えています。

濱田 では、早速内容に入っていきましょうか。

なお、既に改正法が成立していますが、ここでの議論は、わかりやすさを意識して要綱案（巻末の 資料5 「民法（相続関係）等の改正に関する要綱案」）の項目立てで進めていきます。あらかじめご了解ください。

配偶者の居住権の保護

内藤 まずは、要綱案「第1　配偶者の居住権を保護するための方策」についてです。

岡野 大きく分けて、2つの規律が用意されています。

---

① 配偶者の居住権を短期的に保護するための方策
② 配偶者の居住権を長期的に保護するための方策

---

①が配偶者短期居住権、②が配偶者居住権です。

北詰 高齢化社会の到来で、相続発生後の配偶者の生活の保護が問題となる事例が増えてきました。これに対する方策として、配偶者の居住権を短期的あるいは長期的に保護する制度を設けるものです。

白井 配偶者短期居住権は、遺産分割協議成立までの配偶者の居住権を保護するものです。被相続人と同居していた配偶者は、少なくとも、遺産分割協議が成立するまでは、そのまま、無償で住み続けることができるとするものです。

濱田 子供との関係に問題がなければ、特に要らない規定のようにも思えますが。

北詰 そうですね。ただ、世の中、シビアな家庭もあります。まず、本規定は、最高裁判例で、同居相続人の短期的な居住権を認めたものの明文化の意味があります。

●最高裁　平成8年12月17日判決

判示事項

　遺産である建物の相続開始後の使用について被相続人と相続人との間に使用貸借契約の成立が推認される場合

裁判要旨

　共同相続人の1人が相続開始前から被相続人の許諾を得て遺産である建物において被相続人と同居してきたときは、特段の事情のない限り、被相続人と右の相続人との間において、右建物について、相続開始時を始期とし、遺産分割時を終期とする使用貸借契約が成立していたものと推認される。

判決文（抄）

　共同相続人の1人が相続開始前から被相続人の許諾を得て遺産である建物において被相続人と同居してきたときは、特段の事情のない限り、被相続人と右同居の相続人との間において、被相続人が死亡し相続が開始した後も、遺産分割により右建物の所有関係が最終的に確定するまでの間は、引き続き右同居の相続人にこれを無償で使用させる旨の合意があったものと推認されるのであって、被相続人が死亡した場合は、この時から少なくとも遺産分割終了までの間は、被相続人の地位を承継した他の相続人等が貸主となり、右同居の相続人を借主とする右建物の使用貸借契約関係が存続することになるものというべきである。けだし、建物が右同居の相続人の居住の場であり、同人の居住が被相続人の許諾に基づくものであったことからすると、遺産分割までは同居の相続人に建物全部の使用権原を与えて相続開始前と同一の態様における無償による使用を認めるこ

とが、被相続人及び同居の相続人の通常の意思に合致するといえるからである。

　本件についてこれを見るのに、上告人らは、Ｄの相続人であり、本件不動産においてＤの家族として同人と同居生活をしてきたというのであるから、特段の事情のない限り、Ｄと上告人らの間には本件建物について右の趣旨の使用貸借契約が成立していたものと推認するのが相当であり、上告人らの本件建物の占有、使用が右使用貸借契約に基づくものであるならば、これにより上告人らが得る利益に法律上の原因がないということはできないから、被上告人らの不当利得返還請求は理由がないものというべきである。

村木　この判例では、
「被相続人と右同居の相続人との間において、被相続人が死亡し相続が開始した後も、遺産分割により右建物の所有関係が最終的に確定するまでの間は、引き続き右同居の相続人にこれを無償で使用させる旨の合意があったものと推認される」
としています。この判例がなければ、息子に建物を相続させている以上、息子に無償で使用させる合意はあったといえても、妻に対しては、そのような合意の存在を主張する余地がないのですね。

北詰　さらに、遺産分割の効果は、相続開始時に遡って効力を生じることとされています（民法909）。今回のような規律が入らなければ、仮に、息子が遺産分割協議で自宅を取得することになると、母親は息子に遡って賃料を支払わなくてはならない可能性が生じます。

岡野 なるほど、配偶者短期居住権で使用貸借関係があったことにしてしまえば、このような問題の発生を回避できるわけですね。

白井 次に、配偶者居住権（長期居住権）についてです。配偶者居住権は、配偶者短期居住権の保護の後、配偶者が亡くなるまでの終身的居住権を保護しようとするものです。

北詰 これは配偶者短期居住権と異なり、完全な新設規定です。配偶者短期居住権は暫定的な権利ですが、配偶者居住権は安定的に住み続ける権利を遺産分割協議の中で財産として配偶者に選択的に取得させようとするものです。遺言・死因贈与契約により取得させることも可能です。

内藤 配偶者短期居住権と比較すると、配偶者居住権の方が「権利」という感じですね。

村木 その意味で、税務上は、配偶者短期居住権・配偶者居住権の評価上の取扱いなどが気になる点ですね（各論**1**参照）。

遺産分割に関する見直し等

濱田 次に、要綱案「第2　遺産分割に関する見直し等」です。こちらは、税理士にはおなじみのおしどり贈与を意識した話が出てきますね。

白井 持戻し免除の意思表示の推定規定が新設されます。

6

> 対 象 者：婚姻期間20年以上の配偶者
> 対象財産：居住用建物、その敷地（長期居住権を含む）
> 方　　法：遺贈又は贈与
> 取 扱 い：持戻し免除の意思表示があったものと推定

北詰　本規定は、そもそも、配偶者の法定相続分を現行の２分の１より増やそうとした提案が不採用となり、代わりに登場してきたものです。居住用建物や敷地について、婚姻期間20年以上の配偶者に対して遺贈又は贈与した場合に、持戻し免除の意思表示があったものと推定させることで、優先的に自宅を取得できるようにしています。

村木　相続税法第21条の６を意識した規定を民法に設けるということですね。ちょっと驚きです。

●相続税法　第21条の６（贈与税の配偶者控除）

　その年において贈与によりその者との婚姻期間が20年以上である配偶者から専ら居住の用に供する土地若しくは土地の上に存する権利若しくは家屋でこの法律の施行地にあるもの（以下この条において「居住用不動産」という。）又は金銭を取得した者（その年の前年以前のいずれかの年において贈与により当該配偶者から取得した財産に係る贈与税につきこの条の規定の適用を受けた者を除く。）が、当該取得の日の属する年の翌年３月15日までに当該居住用不動産をその者の居住の用に供し、かつ、その後引き続き居住の用に供する見込みである場合又は同日までに当該金銭をもつて居住用不動産を取得して、これを

その者の居住の用に供し、かつ、その後引き続き居住の用に供する見込みである場合においては、その年分の贈与税については、課税価格から2,000万円（当該贈与により取得した居住用不動産の価額に相当する金額と当該贈与により取得した金銭のうち居住用不動産の取得に充てられた部分の金額との合計額が2,000万円に満たない場合には、当該合計額）を控除する。

内藤　本規定を念頭に置いて導入される民法規定ではありますが、両者は完全に合致しているわけではない点に注意が必要でしょうね。

・税法では、居住用財産の取得資金も対象としている。
・税法では、贈与の特例のみで、遺贈の場合は特例対象としていない。
・税法では、非課税額の上限を設けているが、民法規定では特に規定されていない。

岡野　このような規定が創設されるのであれば、不動産取得税・登録免許税の軽減措置もぜひ手当してほしいところです。

北詰　後で扱う遺留分の期間制限見直しの話を加味すれば、今後の利用が更に拡大する可能性もある話だと思います。

村木　主たる財産が自宅しかない家庭では、真剣に検討すべきなのでしょうね。

遺言制度に関する見直し

白井　次に、要綱案「第3　遺言制度に関する見直し」についてです。ここも、自筆証書遺言関係の規定が大きく変わることで、税理士実務に大きな影響がありそうな部分です。

北詰　従来の自筆証書遺言は、手軽に書ける反面、方式が厳格で、法の不知により無効になるリスクが高く、全文自筆を要求するため、長文になると間違いを生じやすいという問題点がありました。

濱田　「私の財産を全て妻に相続させます」という一文だけの遺言書はともかく、少しでも財産が列挙されるようなものや複雑なものは、困りますね。

内藤　現在の実務では、トラブル防止の観点から公正証書遺言で対応するのが定石ですね。相続開始後の、裁判所による検認手続も不要ですし。

北詰　改正後は、自筆証書遺言について、目録添付方式が許容されることになり、その部分は自筆でなくてもよくなります。さらに、法務局における保管制度が創設されることになり、相続開始後に閲覧が可能になります。

岡野　公正証書遺言については公証役場で検索が可能ですが、自筆証書遺言についても、法務局に申請して保管されたものについては、

同様に検索が可能になるわけですね。

北詰 そうです。何より、従来の自筆証書遺言の最大のデメリットは、法律上の要件を具備せず、無効となるリスクがあることでした。改正後の保管制度では、法務局が形式的な審査を行うものとされています。

村木 これはどの程度のチェックを行うのでしょうか。実質面は見ないのは当然でしょうけど。

北詰 おそらく、遺言書の検認レベルでしょうね。押印がないとか日付の問題とかは、厳しくチェックされるのだと思います。しかし、内容の問題には踏み込まないはずです。

白井 財産目録を作成してほしいとの税理士に対する依頼は増えそうですね。このあたり、法務の知識がないと、間違いを生じやすいので要注意でしょうね（各論**4**参照）。

内藤 見逃せないのは、法務局で保管されると、自筆証書遺言であっても検認が不要とされる点です。相続手続を進める上で、検認がネックになるという話はよく聞きます。

濱田 自筆証書遺言のハードルが下がりますが、関与先から相談を受けた場合は、やはり公正証書遺言がより望ましいのでしょうか。

北詰 そうですね。自筆証書遺言の法務局審査は所詮形式的な確認

にすぎません。絶対的ではないですが、公正証書遺言の場合、遺言者の意思能力についても、公証人が一定程度の確認を行うことも加味すれば、遺言が無効になるリスクは極めて少なくなります。

内藤 要綱案第3「3　遺贈の担保責任等」は、遺贈義務者の引渡義務等について規律を設けるというものですが、税理士実務にはあまり関係ないのでしょうね。

村木 要綱案第3「4　遺言執行者の権限の明確化等」も、遺言執行者の一般的な権限等の規律を修正するというもので、遺言執行に携わらない限り、税理士実務にはあまり関係ないのでしょう。

遺留分制度に関する見直し

白井 次に、要綱案「第4　遺留分制度に関する見直し」です。ここは、事業承継に関わる税理士には今回改正で最も大事な部分かもしれませんね。

岡野 まずは、「1　遺留分減殺請求権の効力及び法的性質の見直し」です。従来は、遺留分減殺請求を行うと、その時点で相続財産が共有状態になるとの理解に基づき、請求者がその時点で共有者になるところまでの手当しかありませんでした。

濱田 しかし、実務的には代償金の支払による解決がなされていませんでしたか。

11

北詰　従来は、遺留分減殺請求とは別個の行為として、代償金の支払実務があったわけです。この点が、改正により、１つの行為として整理されました。

内藤　新しい規律では、遺留分減殺請求の段階で、直接、遺留分侵害額に相当する金銭の支払を請求することができるようになります。

白井　実質的には、どこが変わったことになるのでしょうか。

北詰　従来は、請求を受けた受遺者が拒否すれば、金銭の交付による解決を図ることはできませんでした。改正後は、金銭解決が原則となるため、紛争の解決に資するものと期待されます。

村木　受遺者側で金銭が用意できなければ、遺留分権利者は、受遺者の固有財産を差し押さえることも可能になります。つまり、今改正では遺留分を侵害された相続人の権利を強めたのです。

濱田　そして、要綱案第４「２　遺留分の算定方法の見直し」です。ここが、今回の改正の本丸部分ですね。まず、従来の規律はどのようになっていたのでしょうか。

北詰　相続人に対する贈与は、判例により、遺留分の算定上無制限に遡って計算の基礎に組み入れられていました。今回、これに制限を加える改正が、行われます。

岡野　事業承継では、この点がネックになって、後継者以外の相続

人に対する遺留分放棄などを提案するような対応がとられる場合もありますが、実務的にはなかなか難しいところですね。

白井 生前に遺留分放棄を家庭裁判所に申述して認めてもらった上で、遺言書で帰属指定をするというプロセスを踏む必要があるわけですね。しかし、生前に、自分の遺留分を放棄してくれるという奇特な相続人など、滅多にいるわけではありません。

内藤 弁護士立会いで、代償となる金銭贈与を行って、その足で家庭裁判所に遺留分放棄の申述に行ってもらったという税理士の話も聞いたことがあります。そこまでやるのかという感じですが。

濱田 事業承継税制の前提となる円滑化法関連の民法特例を使えば、このあたりの解決になるといわれていませんでしたか。

北詰 そうなのですが、実際には、ほとんど使われていませんね。しかし、この点がネックだという話は税理士さんと話をしているとよく出てきます。

村木 そこで今回の改正ですが、相続人に対する贈与について遺留分算定上の期間制限を相続開始前10年間に限るのを原則としました。非常に画期的な改正だといえるでしょう。

白井 自宅を妻に、自社株を息子に贈与して、その後、夫に相続が発生した場合、贈与後10年経っていれば、自宅も自社株も遺留分の対象から外れるのですね。

13

北詰 ただし、遺留分権利者に損害を加えることを知って贈与した場合は、10年を超えても算入されることになります。

内藤 期間制限の話は、相続人に対する贈与だけが改正されたのですね。愛人など、相続人以外に対する贈与は、相続開始前1年内のものに限るという点は、従来どおりです。

濱田 実務的には、遺留分権利者に損害を加えることを知って贈与した場合というのは、どの程度の話になるのでしょうか。

北詰 単に相続人がいることを知っているというだけでは、該当しませんね。被相続人の財産が今後これ以上増えないことが分かっていて、贈与を受けたことなどが必要と解されているようです。

岡野 以上のほか計算関係の規律が規定されていますが、従来の実務を明確化したものだと理解してよさそうです。

相続の効力等に関する見直し

内藤 次に、要綱案「第5　相続の効力等（権利及び義務の承継等）に関する見直し」です。基本的には従来実務の明確化だといってよいのでしょう。

北詰 ただし、従来は、いわゆる「相続させる」旨の遺言があれば、相続開始後未登記のままでも第三者に対抗できたものが、改正後は、遺言がある場合でも、登記がなければ対抗できなくなります。

濱田 税理士が関与する場合、相続税申告まで至る案件では、未登記のまま放置することは、まず考えられませんが、結局、申告を行わない案件については、「早めに登記してくださいね」で終わっているものもあります。

白井 今後は、相続登記を必ず行うようにとの指導を行うべきなのですね。

北詰 一般論として、数次相続（相次相続）が生じると、未登記状態の不動産の登記で非常に手間暇・コストがかかります。特に、昨今では、相続人が海外に行っているなどの案件もあります。早い段階で相続登記を行うようにぜひ指導してあげてください。

岡野 ほかに、遺言執行者の権限明確化の話がありますが、税理士が遺言執行者に就任する場合はそれほどないでしょうから、省略します。

相続人以外の者の貢献を考慮するための方策

内藤 最後に、要綱案「第6　相続人以外の者の貢献を考慮するための方策」です。相続人以外の者が被相続人の財産の維持又は増加に一定の貢献をした場合についての規律を設けるものです。

北詰 従来は、共同相続人の被相続人に対する特別の貢献を寄与分として認めるものだったため、例えば長男の嫁が身の回りの世話をずっとしてくれたような場合に、これに直接報いる手段がなかったわ

けです。

濱田　ただ、その場合、長男の嫁の貢献を、長男の貢献としてカウントする実務はなかったのでしょうか。

北詰　そのように整理できる場合もあるでしょうが、長男自身は放蕩息子で介護にも全く貢献せず、家庭も顧みないということもあります。その場合には、長男の嫁自身に直接貢献を認める仕組みがないと、救済が難しいといえました。

白井　税理士実務には、直接あまり関係ないと考えてよさそうですね。

村木　そうですね。ただし、現行法を前提とすれば、遺贈として「2割加算」の対象になるのでしょうから、その点を忘れないようにしたいところです。

各 論

── Q&Aで学ぶ改正点と税理士への影響 ──

1 配偶者の居住権を保護するための方策

Q 相続法改正では、配偶者の居住権に関する制度が新設されると聞きました。どのような制度になるのでしょうか。

A 高齢の配偶者を保護する趣旨で配偶者短期居住権と配偶者居住権という2種類の居住権を設けて、配偶者の居住権を保護することとなりました。

配偶者短期居住権とは、被相続人の死亡からその遺産分割協議成立までの居住権を保護する制度であり、配偶者居住権とは、遺産分割協議成立から、最長で配偶者の死亡までの長期の居住権を保護することを念頭においています。

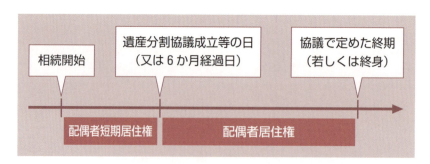

解説

1　現行制度での問題点

(1)　遺産分割協議成立までの居住権の保護

　被相続人が死亡した場合、被相続人の財産は、遺産分割協議成立までは法定相続人の共有となります。この場合、理屈上は共有の不動産に配偶者が住んでいるわけですから、他の相続人からその利用費（当該相続人の相続分に応じた不当利得の返還）を配偶者が請求される可能性があります。この点、被相続人の死亡から遺産分割協議成立までは、判例（最高裁平成8年12月17日判決・民集50巻10号2778頁）において、被相続人と配偶者との間で、相続開始時を始期とし、遺産分割時を終期とする使用貸借契約が成立していたものと推認されるとして、生存配偶者の短期的居住権を保護してきましたが、明文の規定がありませんでした。

　そこで配偶者短期居住権の明文の規定を設けて、配偶者の短期的居住権の保護を強化することとしました。

(2)　居住不動産の所有権を配偶者が取得すると他の財産の取り分が少なくなる

　日本では不動産が比較的高額であるため、配偶者が居住していた不動産の所有権を遺産分割により取得すると、法定相続分のほとんどが居住用不動産となり他の相続財産が取得できない、という問題点が指摘されていました。

　そこで配偶者居住権という権利を新設し、配偶者が長期的な居住権を、所有権よりも低い価額で取得できる道を開くこととしました。

2　新制度の概要

(1)　成立要件

①　配偶者短期居住権

　配偶者短期居住権とは、居住建物の所有権を相続又は遺贈により取得した者に対し、配偶者が居住建物について無償で使用する権利をいいます。

　配偶者短期居住権は、配偶者が被相続人の所有する建物に相続開始時に無償で居住しているという事実があれば、当然に成立します。

②　配偶者居住権

　配偶者居住権とは、配偶者が居住建物の全部について無償で使用及び収益する権利をいいます。

　配偶者居住権は、配偶者が相続人間の遺産分割協議、被相続人からの遺贈あるいは死因贈与により取得することができます。

(2)　存続期間

①　配偶者短期居住権

　配偶者短期居住権の存続期間は、遺産分割により居住建物の帰属が確定した日、又は相続開始日から6か月が経過する日の、いずれか遅いときまでです。遺産分割協議の結果、配偶者以外が不動産を取得しても、相続開始から6か月を経過するまでは、配偶者は居住が認められます。なお、遺贈又は死因贈与により第三者が居住している不動産を相続した場合でも、明渡しの請求を受けてから6か月間は明渡しが猶予されます。

②　配偶者居住権

　配偶者居住権の存続期間は、遺産分割又は遺贈・死因贈与により居住建物を取得したときから遺産分割協議等で定められた存続期間まで

です。ただし、特に存続期間を定めなかった場合には、終身とされています。

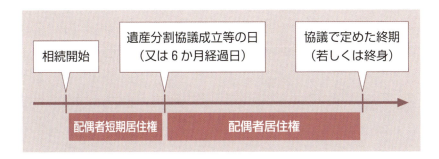

(3) **第三者への譲渡**

配偶者短期居住権及び配偶者居住権は第三者への譲渡は認められていません。

(4) **第三者対抗要件**

配偶者短期居住権は、相続人間でのみ効力が生じ、第三者に対抗することはできません。配偶者居住権は登記することができるとされ、登記していれば第三者に対抗することができます。

(5) **財産価値**

配偶者短期居住権によって受けた利益については、配偶者の具体的相続分からその価額を控除する必要はないとされています。

配偶者居住権については、様々な計算方法が提案されています。

3　税理士として実務上注意すべき点

税理士は、相続税の申告はもちろんですが、将来の遺産分割内容の検討など相続発生前の相談から関与します。その際の遺言書の内容、遺産分割の生前検討にあたり、配偶者短期居住権と配偶者居住権の知識は必須となるでしょう。

例えば、配偶者に自宅を相続させても、高齢であれば、自らその後の修繕などの管理ができないおそれもあります。そのような場合、自宅の所有権は息子に相続させることにより、配偶者の居住を確保しながら息子に管理をさせることが可能です。ただし、このケースでは、現状の税制では、息子が自宅を相続する場合は、同居をしていない限り、小規模宅地特例が利用できません。趣旨から考えると、このケースに小規模宅地特例が使えることは何ら違和感はありませんので、改正も予想されます。小規模宅地特例に見直しが入れば、過去の相続対策の見直しは必須となるでしょう。

　一方で、配偶者短期居住権・配偶者居住権の評価方法については、法制審議会民法部会で検討されてきましたが、統一的な計算方法は決定されていません。税務当局は、その評価方法を通達で明記してくれる期待がありますので、実務としては、その通達発遺までは動けない状況かもしれません。配偶者短期居住権は一時的な権利ですのでおそらくゼロ円評価すると思われますが、配偶者居住権は終身もあり得る権利ですから、ゼロ円評価は考えにくいと思われます。あるいは、譲渡することができない一身専属的な権利であることも考慮して、土地の無償返還制度と同じような位置づけにして、ゼロ円評価というのもあり得るのでしょうか。税理士としては、注目しておくべき部分になりそうです。

司法書士　北詰の目

　本改正は、今回の改正の目玉の1つといえます。居住権という権利を新設する思い切った改正といえますが、税制がどうなるかで、利用頻度が決まってくると考えています。例えば、夫が亡くなった

場合に、所有権は子供に相続させて、配偶者居住権で妻の居住権を保護するという形が税制上有利な設計になれば、現役世代への財産の承継という課題への手当になりうるのではないでしょうか。

● 民法（改正後）

（配偶者居住権）

第1028条　被相続人の配偶者（以下この章において単に「配偶者」という。）は、被相続人の財産に属した建物に相続開始の時に居住していた場合において、次の各号のいずれかに該当するときは、その居住していた建物（以下この節において「居住建物」という。）の全部について無償で使用及び収益をする権利（以下この章において「配偶者居住権」という。）を取得する。ただし、被相続人が相続開始の時に居住建物を配偶者以外の者と共有していた場合にあっては、この限りでない。

一　遺産の分割によって配偶者居住権を取得するものとされたとき。

二　配偶者居住権が遺贈の目的とされたとき。

2　居住建物が配偶者の財産に属することとなった場合であっても、他の者がその共有持分を有するときは、配偶者居住権は、消滅しない。

3　第903条第4項の規定は、配偶者居住権の遺贈について準用する。

（審判による配偶者居住権の取得）

第1029条　遺産の分割の請求を受けた家庭裁判所は、次に掲げ

る場合に限り、配偶者が配偶者居住権を取得する旨を定めることができる。

一　共同相続人間に配偶者が配偶者居住権を取得することについて合意が成立しているとき。

二　配偶者が家庭裁判所に対して配偶者居住権の取得を希望する旨を申し出た場合において、居住建物の所有者の受ける不利益の程度を考慮してもなお配偶者の生活を維持するために特に必要があると認めるとき（前号に掲げる場合を除く。）。

（配偶者居住権の存続期間）

第1030条　配偶者居住権の存続期間は、配偶者の終身の間とする。ただし、遺産の分割の協議若しくは遺言に別段の定めがあるとき、又は家庭裁判所が遺産の分割の審判において別段の定めをしたときは、その定めるところによる。

（配偶者居住権の登記等）

第1031条　居住建物の所有者は、配偶者（配偶者居住権を取得した配偶者に限る。以下この節において同じ。）に対し、配偶者居住権の設定の登記を備えさせる義務を負う。

2　第605条の規定は配偶者居住権について、第605条の4の規定は配偶者居住権の設定の登記を備えた場合について準用する。

（配偶者による使用及び収益）

第1032条　配偶者は、従前の用法に従い、善良な管理者の注意

をもって、居住建物の使用及び収益をしなければならない。ただし、従前居住の用に供していなかった部分について、これを居住の用に供することを妨げない。

2　配偶者居住権は、譲渡することができない。

3　配偶者は、居住建物の所有者の承諾を得なければ、居住建物の改築若しくは増築をし、又は第三者に居住建物の使用若しくは収益をさせることができない。

4　配偶者が第1項又は前項の規定に違反した場合において、居住建物の所有者が相当の期間を定めてその是正の催告をし、その期間内に是正がされないときは、居住建物の所有者は、当該配偶者に対する意思表示によって配偶者居住権を消滅させることができる。

（居住建物の修繕等）

第1033条　配偶者は、居住建物の使用及び収益に必要な修繕をすることができる。

2　居住建物の修繕が必要である場合において、配偶者が相当の期間内に必要な修繕をしないときは、居住建物の所有者は、その修繕をすることができる。

3　居住建物が修繕を要するとき（第1項の規定により配偶者が自らその修繕をするときを除く。）、又は居住建物について権利を主張する者があるときは、配偶者は、居住建物の所有者に対し、遅滞なくその旨を通知しなければならない。ただし、居住建物の所有者が既にこれを知っているときは、この限りでない。

（居住建物の費用の負担）

第1034条　配偶者は、居住建物の通常の必要費を負担する。

2　第583条第2項の規定は、前項の通常の必要費以外の費用について準用する。

（居住建物の返還等）

第1035条　配偶者は、配偶者居住権が消滅したときは、居住建物の返還をしなければならない。ただし、配偶者が居住建物について共有持分を有する場合は、居住建物の所有者は、配偶者居住権が消滅したことを理由としては、居住建物の返還を求めることができない。

2　第599条第1項及び第2項並びに第621条の規定は、前項本文の規定により配偶者が相続の開始後に附属させた物がある居住建物又は相続の開始後に生じた損傷がある居住建物の返還をする場合について準用する。

（使用貸借及び賃貸借の規定の準用）

第1036条　第597条第1項及び第3項、第600条、第613条並びに第616条の2の規定は、配偶者居住権について準用する。

（配偶者短期居住権）

第1037条　配偶者は、被相続人の財産に属した建物に相続開始の時に無償で居住していた場合には、次の各号に掲げる区分に応じてそれぞれ当該各号に定める日までの間、その居住していた建物（以下この節において「居住建物」という。）の

所有権を相続又は遺贈により取得した者（以下この節において「居住建物取得者」という。）に対し、居住建物について無償で使用する権利（居住建物の一部のみを無償で使用していた場合にあっては、その部分について無償で使用する権利。以下この節において「配偶者短期居住権」という。）を有する。ただし、配偶者が、相続開始の時において居住建物に係る配偶者居住権を取得したとき、又は第891条の規定に該当し若しくは廃除によってその相続権を失ったときは、この限りでない。

一　居住建物について配偶者を含む共同相続人間で遺産の分割をすべき場合　遺産の分割により居住建物の帰属が確定した日又は相続開始の時から６箇月を経過する日のいずれか遅い日

二　前号に掲げる場合以外の場合　第３項の申入れの日から６箇月を経過する日

2　前項本文の場合においては、居住建物取得者は、第三者に対する居住建物の譲渡その他の方法により配偶者の居住建物の使用を妨げてはならない。

3　居住建物取得者は、第１項第１号に掲げる場合を除くほか、いつでも配偶者短期居住権の消滅の申入れをすることができる。

（配偶者による使用）

第1038条　配偶者（配偶者短期居住権を有する配偶者に限る。以下この節において同じ。）は、従前の用法に従い、善良な管理者の注意をもって、居住建物の使用をしなければならない。

2　配偶者は、居住建物取得者の承諾を得なければ、第三者に居住建物の使用をさせることができない。

3　配偶者が前2項の規定に違反したときは、居住建物取得者は、当該配偶者に対する意思表示によって配偶者短期居住権を消滅させることができる。

（配偶者居住権の取得による配偶者短期居住権の消滅）

第1039条　配偶者が居住建物に係る配偶者居住権を取得したときは、配偶者短期居住権は、消滅する。

（居住建物の返還等）

第1040条　配偶者は、前条に規定する場合を除き、配偶者短期居住権が消滅したときは、居住建物の返還をしなければならない。ただし、配偶者が居住建物について共有持分を有する場合は、居住建物取得者は、配偶者短期居住権が消滅したことを理由としては、居住建物の返還を求めることができない。

2　第599条第1項及び第2項並びに第621条の規定は、前項本文の規定により配偶者が相続の開始後に附属させた物がある居住建物又は相続の開始後に生じた損傷がある居住建物の返還をする場合について準用する。

（使用貸借等の規定の準用）

第1041条　第597条第3項、第600条、第616条の2、第1032条第2項、第1033条及び第1034条の規定は、配偶者短期居住権について準用する。

2 配偶者保護のための方策

Q 配偶者保護のための方策として、持戻し免除の意思表示の推定規定が設けられました。この規定について説明してください。

A 婚姻期間が20年以上である夫婦の一方が他の一方に対し、その居住の用に供する建物又はその敷地の全部又は一部を遺贈又は贈与したときや配偶者居住権を遺贈したときは、特別受益の持戻し免除の意思表示があったものと推定し、これらの資産や権利を持戻し計算から除外します（民法903④、1028③）。

解説

1 現行制度での問題点

現行法上、各相続人の相続分を算定する場合、まず、被相続人から相続人に対して贈与がされた財産を相続財産とみなします。そして、この贈与や遺贈によって取得した財産は特別受益に当たるものとして、贈与又は遺贈を受けた相続人の相続分の額からその財産の価額を控除します（民法903①）。この一連の計算を「持戻し計算」といいます。この持戻しの対象となる贈与には、婚姻又は養子縁組のための贈与、学資その他生計の資本としての贈与が該当します。

配偶者への贈与や遺贈による特別受益の額が相続分の額を超えると、配偶者は遺産分割により財産を取得できなくなります。

29

一方、被相続人が特別受益の持戻し免除の意思表示をしている場合は持戻し計算をしません（民法903③）ので、贈与や遺贈を受けた配偶者は持戻し計算による相続額より多くの財産を取得することができます。
　例えば、相続時の被相続人の財産額が3,000万円で、配偶者は2,000万円の居住用財産の贈与を受けていたとします（下図参照）。この場合、2,000万円は持戻し計算をしますので、相続財産は5,000万円となり、配偶者の相続分は2,500万円となります。仮に贈与がなかったとしても配偶者の最終的な取得額は同じです。

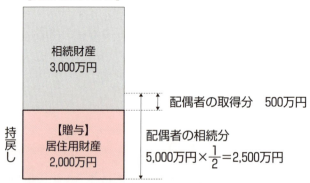

※　贈与の有無にかかわらず、配偶者の最終的な取得額は2,500万円

　一方、持戻し免除の意思表示をしている場合には、配偶者の相続分としての取得額は1,500万円となり、結果として、配偶者の最終的な取得額は3,500万円となります。

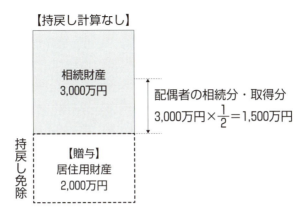

　被相続人は自分が死んだ後の配偶者の生活をおもんぱかって居住用財産を贈与したつもりだったのですが、持戻し計算の結果、相続時に取得する相続分は500万円だけとなってしまいました。贈与により、「食う寝る処に住む処」は確保させてあげたものの、肝心の食費や光熱費などの生活資金を十分確保できないということも起こっていたのです。

　このような事態を回避するためには、生前に持戻し免除の意思表示をし、それを、遺言で明示しておくことが必要でした。なぜなら、民法は、遺言によらなければならないとはしていませんが、実務上、黙示の意思表示の有無が争点となって、相続に関する紛争が拡大してしまう可能性があったからです。

2　新制度の概要

　新制度では、①婚姻期間が20年以上である夫婦の一方の配偶者が、他方の配偶者に対し、②その居住の用に供する建物又はその敷地（以下「居住用不動産」といいます。）を目的とする贈与をした場合や配偶者居住権の遺贈をした場合には、③民法第903条第3項の持戻しの

免除の意思表示があったものと推定することとされました。つまり、これらの要件を満たせば、遺産分割において当該居住用不動産の持戻し計算をしないことになります。

3　税理士として実務上注意すべき点

①　贈与税の配偶者控除と連動しない

法制審議会民法（相続関係）部会の資料によれば、持戻し免除の推定規定は、贈与税の配偶者控除を参考として制度設計されているようですが、税法上の要件を満たしていることが持戻し免除の推定規定の発動要件となっていませんので、贈与税の配偶者控除の適用を受けていなくても推定規定が働きます。

②　贈与税の配偶者控除利用への影響

とはいえ、贈与税の配偶者控除の適用がある贈与であれば、持戻し免除の推定規定の要件を充足するので、持戻し免除の意思表示があったものと推定されることとなります。改正後は、意思表示に特別な手続が不要となるので、それと相まって、贈与税の配偶者控除の利用件数が増加するかもしれません。

③　分割時の申告には影響しない

実務上、持戻し免除の推定規定に基づき相続税の計算をするのは、相続税法第55条（未分割遺産に対する課税）を適用する未分割の財産があるときです。したがって、改正前後を問わず、分割時の申告には影響はありません。

司法書士 北詰の目

本改正は、元々配偶者の相続分を増やそうとした改正案が反対

多数で取り下げられ、その代替案として出てきたものです。税制の規律を参考にして、民法の規定を設けるということはこれまでにはあまりなかったことではないかと理解しています。

　本改正をもってしても、遺留分を侵害することはできないのですが、別に解説しているとおり、遺留分減殺請求に対しても期間制限が設けられます。それと併せて考えると、本改正の規定を利用したいという需要は増えることも考えられます。

●民法（改正後）

（特別受益者の相続分）

第903条　共同相続人中に、被相続人から、遺贈を受け、又は婚姻若しくは養子縁組のため若しくは生計の資本として贈与を受けた者があるときは、被相続人が相続開始の時において有した財産の価額にその贈与の価額を加えたものを相続財産とみなし、第900条から第902条までの規定により算定した相続分の中からその遺贈又は贈与の価額を控除した残額をもってその者の相続分とする。

2　遺贈又は贈与の価額が、相続分の価額に等しく、又はこれを超えるときは、受遺者又は受贈者は、その相続分を受けることができない。

3　被相続人が前2項の規定と異なった意思を表示したときは、その意思に従う。

4　婚姻期間が20年以上の夫婦の一方である被相続人が、他の一方に対し、その居住の用に供する建物又はその敷地について遺贈又は贈与をしたときは、当該被相続人は、その遺贈又

は贈与について第１項の規定を適用しない旨の意思を表示したものと推定する。

（配偶者居住権）

第1028条　被相続人の配偶者（以下この章において単に「配偶者」という。）は、被相続人の財産に属した建物に相続開始の時に居住していた場合において、次の各号のいずれかに該当するときは、その居住していた建物（以下この節において「居住建物」という。）の全部について無償で使用及び収益をする権利（以下この章において「配偶者居住権」という。）を取得する。ただし、被相続人が相続開始の時に居住建物を配偶者以外の者と共有していた場合にあっては、この限りでない。

一　遺産の分割によって配偶者居住権を取得するものとされたとき。

二　配偶者居住権が遺贈の目的とされたとき。

2　居住建物が配偶者の財産に属することとなった場合であっても、他の者がその共有持分を有するときは、配偶者居住権は、消滅しない。

3　第903条第４項の規定は、配偶者居住権の遺贈について準用する。

（下線筆者）

3 仮払い制度等の創設・要件明確化

Q 預貯金債権の払戻しに係る仮払い制度等の創設・要件明確化について説明してください。

A ①家事事件手続法の保全処分の要件を緩和する方策と②家庭裁判所の判断を経ないで預貯金の払戻しを認める方策が設けられました。

解説

1 現行制度での問題点

　従来、預貯金債権は、他の可分債権と同様、相続開始と同時に当然に各共同相続人に相続分に応じて分割され、各共同相続人は分割により自己に帰属した債権を単独で行使することができるものと解されていました。

　しかし、平成28年12月19日最高裁大法廷決定（民集70巻8号2121頁）で、預貯金債権は可分債権であるとする従来の判例が変更され、（当事者の同意がなくとも当然に）預貯金債権が遺産分割の対象に含まれるとの判断が示されたため、遺産分割成立までの間は、共同相続人全員が共同して行使しなければならなくなりました。

　この決定以前は、相続人の1人が単独で自己の相続分の払戻しを金融機関に請求できることになっていましたが、実務上、金融機関でもこれを認めないところは多くありました。そして、この決定により、

35

単独での払戻しがより難しいものとなりました。

　一方、被相続人が負っていた入院代金等の債務の弁済や被相続人から扶養を受けていた共同相続人の当面の生活費を支出するなど、被相続人が有していた預貯金を遺産分割前に払い戻す必要がある場合があります。そのような場合であっても、共同相続人の同意を得られないときは、預貯金の引出しができないという不都合が生じるおそれがあることとなりました。

　このような場合、現行法上、家事事件手続法第200条第2項の保全処分を利用して、仮分割の仮処分により、払戻しを受けることができます。しかし、これは、①遺産の分割の審判又は調停の申立てがあること、②相続人等の関係者の急迫の危険を防止するための必要があること、③相続人の申立てがあることが必要です。

　特に、②の「急迫の危険を防止」は厳しい要件でしたので、これを緩和することが求められていました。

【仮分割の仮処分を受けるための要件】

---

　① 　遺産の分割の審判又は調停の申立て

　② 　相続人等の関係者の急迫の危険を防止するための必要性

　③ 　相続人による仮分割の仮処分の申立て

　保全処分の要件を緩和したとしても、相続開始後に資金需要が生じた場合に、裁判所の仮処分決定を受けなければ単独での払戻しが一切認められないという不都合は残っています。

2　新制度の概要

(1)　家事事件手続法の保全処分の要件を緩和する方策

　このような問題に対応するために、まず、家事事件手続法第200条

第2項の要件を緩和することとしました。具体的には、①遺産の分割の審判又は調停の申立てがあり、②相続財産に属する債務の弁済、相続人の生活費の支弁その他の事情により遺産に属する預貯金債権を行使する必要があるときは、③相続人の申立てにより、特定の預貯金債権の全部又は一部を仮に取得させることができるようになります。ただし、他の共同相続人の利益を害しないことが必要です。

　この仮払いを認めるかどうかは、家庭裁判所の裁量に委ねられます。また、仮処分の申立てをしなければならないことから、少額の払戻しであれば、次の(2)を使う方がいいといえます。

【仮分割の仮処分を受けるための新要件】

> ①　遺産の分割の審判又は調停の申立て
> ②　被相続人の預貯金債権を行使する必要がある場合
> ③　他の共同相続人の利益を害しないこと
> ④　相続人による仮分割の仮処分の申立て

(2)　家庭裁判所の判断を経ないで預貯金の払戻しを認める方策

　各共同相続人は、裁判所の判断を経ることなく、その相続開始の時の預貯金債権額の3分の1に当該共同相続人の法定相続分を乗じた額については、単独で払戻しをすることができるようになります（民法909の2）。ただし、標準的な必要生計費や平均的な葬式の費用の額その他の事情を勘案して、金融機関ごとの払戻し上限額が法務省令で定められます。

　(1)が家庭裁判所の判断により仮の払戻しが認められる制度であるのに対し、(2)はそれが不要であることから、少額の資金需要にのみ対応した制度となっています。

3　税理士として実務上注意すべき点

　預貯金の払戻しが認められると、払戻しを受けた相続人について払戻額の分割がされたものとみなされます。

　ただし、その後の遺産分割をスムーズに行うために、払戻金の使途を明確に記録する必要があります。

司法書士 北詰の目

　相続が発生して、葬儀代や被相続人が亡くなるまで入っていた施設や病院の未払代金の支払原資が、被相続人の預金しかないという事例は、司法書士実務をしているとよく遭遇します。最高裁大法廷決定が出た後も、こうした事情を理解して、少額の引出しであれば認めるという取扱いをしてきた金融機関もありました。しかし、あくまで金融機関がリスクをとって、行ってきた取扱いです。本改正により、金融機関としても引出しに応じやすくなるといえます。

●民法（改正後）

（遺産の分割前における預貯金債権の行使）

第909条の2　各共同相続人は、遺産に属する預貯金債権のうち相続開始の時の債権額の3分の1に第900条及び第901条の規定により算定した当該共同相続人の相続分を乗じた額（標準的な当面の必要生計費、平均的な葬式の費用の額その他の事情を勘案して預貯金債権の債務者ごとに法務省令で定める額を限度とする。）については、単独でその権利を行使する

ことができる。この場合において、当該権利の行使をした預貯金債権については、当該共同相続人が遺産の一部の分割によりこれを取得したものとみなす。

● 家事事件手続法（改正後）

（遺産の分割の審判事件を本案とする保全処分）

第200条　家庭裁判所（第105条第2項の場合にあっては、高等裁判所。次項及び第3項において同じ。）は、遺産の分割の審判又は調停の申立てがあった場合において、財産の管理のため必要があるときは、申立てにより又は職権で、担保を立てさせないで、遺産の分割の申立てについての審判が効力を生ずるまでの間、財産の管理者を選任し、又は事件の関係人に対し、財産の管理に関する事項を指示することができる。

2　家庭裁判所は、遺産の分割の審判又は調停の申立てがあった場合において、強制執行を保全し、又は事件の関係人の急迫の危険を防止するため必要があるときは、当該申立てをした者又は相手方の申立てにより、遺産の分割の審判を本案とする仮差押え、仮処分その他の必要な保全処分を命ずることができる。

3　前項に規定するもののほか、家庭裁判所は、遺産の分割の審判又は調停の申立てがあった場合において、相続財産に属する債務の弁済、相続人の生活費の支弁その他の事情により遺産に属する預貯金債権（民法第466条の5第1項に規定する預貯金債権をいう。以下この項において同じ。）を当該申立てをした者又は相手方が行使する必要があると認めるとき

は、その申立てにより、遺産に属する特定の預貯金債権の全
　部又は一部をその者に仮に取得させることができる。ただ
　し、他の共同相続人の利益を害するときは、この限りでない。
　4　第125条第1項から第6項までの規定及び民法第27条から
　第29条まで（同法第27条第2項を除く。）の規定は、第1項
　の財産の管理者について準用する。この場合において、第
　125条第3項中「成年被後見人の財産」とあるのは、「遺産」
　と読み替えるものとする。

（下線筆者）

4 自筆証書遺言の方式緩和と遺言書の保管制度の創設

Q 自筆証書遺言の方式緩和と遺言書の保管制度の創設がどのようなものか教えてください。

A 遺言制度の利用を推進するため、自筆証書遺言の使いにくさをある程度取り除こうとする見直しです。

解説

1 従前の自筆証書遺言制度の内容と限界

　従前の自筆証書遺言制度の場合、全文を遺言者が自筆で記載する必要がありました。「私の全財産を妻ヒサヨに相続させる。」などという簡単なものであればともかく、財産の帰属指定対象となる不動産が多く書き方が複雑なものは、法務知識との兼ね合いもあり、まず一般人による作成は困難でした。遺言書は、その性質上、方式の制約が極めて厳格であり、法律上求められる方式に従わなければ無効とされてしまいますが、一般人は遺言書の書き方を知らないのが普通です。

　実際、遺言時に公証人による法務面での確認が行われる公正証書遺言と異なり、自筆証書遺言には、法律上無効となるリスクがつきまといます。そのため、少なくとも現時点では、税理士など専門家が携わる実務では、公正証書遺言を勧めるのが常識です。

　また、自筆証書遺言の場合、遺言者の死亡後に見つからないという

こともありました。遺言書が存在するはずなのに見つからないということになれば、相続人全員による遺産分割協議が必須となります。遺言者の遺志を活かせないのはもちろん、相続人や受遺者にとっても煩雑な事務が残りますし、場合によっては紛争長期化の原因にすらなり得ます。この点、公正証書遺言の場合、公証役場に保管されるのはもちろん、一定時期以後の公正証書遺言はデータベース化されており、全国どこの公証役場でも、相続開始後に相続人がその有無と内容を確認できるようになっています。

　さらに、自筆証書遺言では、遺言書が発見された時点で、開封前に、裁判所による検認が必要です。迅速に相続後の名義書換手続や銀行預金口座凍結解除手続等を進める上でのネックになる場合も少なくありません。また、相続人への通知が必要である点も実務上は重要です。

　そして、何より、自筆証書遺言を手書きで作成できるかという問題がありました。たとえ、手書きで書かれた場合でも、判読不能の文字列になっている遺言書も決して稀ではありません。高齢者であれば、もはや手書きで長文作成は困難という時代が既に到来しています。

　これらのことから、自筆証書遺言は、見た目の手軽さと異なり、実際の利用が著しく制限された手法となっており、超高齢化社会の到来における遺言書の重要性が増しつつある中で、喫緊の改善が望まれる状況になっていたといえるでしょう。

2　新制度の概要

(1)　自筆証書遺言の方式緩和

　従来、全文自書が必要とされていた規律を見直し、相続財産の目録方式の採用を許容した上で、目録部分については、自書不要としまし

た。つまり、財産リストを別途パソコン等で作成することで、本文部分のみを自筆にすれば足りることになります。また、登記事項証明書や通帳の写しをそのまま利用することも可能とされています。

　ただし、遺言者は、その目録のページごとに、署名し、押印することが求められます。目録のページが両面記載になっている場合には、その両面に署名押印が必要です。

【自筆証書遺言における財産目録方式の許容】

本文 （自筆かつ署名押印）	＋	財産目録 （自筆でなくパソコンでの作成可能だが、ページごとに署名押印が必要）

　なお、加除その他の変更は、目録部分を含めて、その場所を指示し、これを変更した旨を付記して特にこれに署名し、かつ、その変更の場所に印を押すことが必要とされています。

⑵　自筆証書遺言書の保管制度の創設

　自筆証書遺言について、法務局における遺言書の保管制度が設けられます。申請時には、法務局での形式的な適合審査が行われます。遺言者は、返還や閲覧の請求ができるものとされています。

　そして、遺言者の死後に、相続人等は、遺言書情報証明書の交付請求が可能になります。そして、遺言書保管所に保管されている遺言書については、民法第1004条第1項の遺言書の検認規定が適用外とされています（法務局における遺言書の保管等に関する法律11）。公正証書遺言同様、検認が不要になります。これまで、相続開始後に検認に要していた時間や手間が省略できるようになるのは、手続面からは歓迎されるでしょう。

また、従来から、公正証書遺言は公証役場で検索が可能でしたが、今回、自筆証書遺言も法務局で検索可能になり、誰でも遺言書保管事実証明書の交付請求が可能になります。

　なお、この保管については一定額の手数料が必要とされることになるようです。本書執筆時点では、金額はまだ公表されていません。法定相続情報証明制度のように無料にならなかったのは残念ですが、できるだけ低廉な額になることを期待したいところです。

3　税理士として実務上注意すべき点

　自筆証書遺言における財産目録方式の許容により、税理士事務所への財産目録作成依頼が爆発的に増加する可能性があります。その場合、財産目録の作成時における不動産法務知識の重要性が鍵になります。

　まず、当然ながら、土地であれば、登記における記載と合致させることが必要になります。初歩的なことでいえば、住所と地番との違いを知らずに、住所を記載してしまうミスは許されません。

【住所と地番との違いの例】

　住所とは、住居表示を前提として、人が住んでいる家屋等に付番されるものですが、地番とはあくまでも土地の各筆に番号を付したものです。財産としての土地を表記するのであれば、当然に地番を記載すべきことになります。

　地域によっては、住所と地番が同じところが多い場合もあり、両者

の違いを意識していないケースも少なくないようです。

また、税理士事務所では、固定資産税課税明細書の表記などをそのまま記載してしまう可能性があります。両者は合致していないことも多いため、トラブルの元になります。

【不動産登記情報と固定資産税課税明細書との違いの例】

この事例では、登記上は農地となっていますが、固定資産税課税明細書では山林扱いです。一般論でいえば、固定資産税課税明細書では、現況地目による課税がされていますので、おそらく、実態は山林なのだろうと想像できます。このように、登記地目と固定資産税課税明細書の地目とが合致しないことは、よくあります。

さらに、従来からある話ですが、固定資産税課税明細書だけで不動産を把握しようとすれば、記載されていない非課税土地あるいは共有土地について記載漏れになる危険性もあります。

また、建物については未登記建物もありますので固定資産税課税明細書で把握するのが基本ですが、その場合でも、登記物件は登記上の記載方法に揃える必要があります。マンションについては物件によって登記上の記載方法が複雑な場合もあります。各税理士事務所における不動産法務知識のブラッシュアップを図る必要があります。

このほか、不動産以外の財産記載についても、細心の注意が必要になります。預金の口座番号記載間違いで金融機関での手続ができないと言われた税理士の話も聞いたことがあります。残高証明書などの資

料との照合確認を失念しないようにしましょう。

　そして、自筆証書遺言が使いやすくなったといっても、やはり法務リスクは残ります。例えば、公正証書遺言であれば、遺言者の意思能力について、公証人による確認が行われることから、その後に遺言能力を問われての遺言無効訴訟が提起される可能性は低くなることが期待できます。この点、自筆証書遺言であれば、作成時に司法書士など専門家の関与などがない限り無防備です。

　税理士が関与先から相談を受けた場合、従来どおり、可能な限り公正証書遺言を勧めるべきである点は変わらないといえます。

　なお、公正証書遺言では、公証人費用がかかる点に加えて、証人２名の準備を気にする例もあるようです。この点、公証人に相談すれば、費用はかかりますが、証人を紹介してくれるのが通例です。また、司法書士事務所によっては、遺言書作成サービスの一環として、証人を用意してくれる例もあります。

　富裕層の関与先事案では、費用の問題よりも、この証人の件が遺言者のネックになることもあるようですが、上述のようにクリアできる場合が少なくありません。

　なお、実務上は、関与先との関係性次第では、税理士が証人となるケースもあります。

司法書士 北詰の目

１　税理士実務での不動産法務知識の重要性

　前記**3**にもあるように、自筆証書遺言における財産目録方式の許容により、税理士事務所への財産目録作成依頼が増加するでしょう。その場合、財産目録の作成時に、可能であれば、司法書

士事務所との連携を図り、将来的な登記業務を見据えて、チェックを依頼することが望まれます。

　なお、固定資産課税明細書だけでは、登記漏れを防げない点について、表記されない物件がある例示として、下記のようなものが挙げられます。

---

［1］保安林・個人墓地（固定資産税の非課税財産）

［2］共有物件（代表者のみに課税通知が届くため、他の共有者からの証明申請では漏れる可能性）

［3］当初より公共に寄附する予定で分筆していた土地で非課税処分はされたが所有権移転登記が未了（登記は故人の名義）

［4］敷地の一部の土地が事実上公共の道路に提供されてしまっているような土地

［5］未登記の納屋や車庫、母屋の増築部分など

　　出典：「付箋 相続登記漏れ物件と遺産分割協議書」
　　　　　日本司法書士会連合会不動産登記法改正等対策部
　　　　　（月報司法書士2016年1月号）

2　遺言書保管制度における法務局確認

　従来、相続案件によっては、遺言書の存在について、公証役場で確認する税理士事務所もあったようです。今後は、法務局での自筆証書遺言確認実務があり得ますが、その場合も、司法書士事務所との協力体制が望ましいでしょう。

●民法（改正前）　第968条（自筆証書遺言）

第968条　自筆証書によって遺言をするには、遺言者が、その全文、日付及び氏名を自書し、これに印を押さなければならない。

2　自筆証書中の加除その他の変更は、遺言者が、その場所を指示し、これを変更した旨を付記して特にこれに署名し、かつ、その変更の場所に印を押さなければ、その効力を生じない。

●民法（改正後）　第968条（自筆証書遺言）

第968条　自筆証書によって遺言をするには、遺言者が、その全文、日付及び氏名を自書し、これに印を押さなければならない。

2　前項の規定にかかわらず、自筆証書にこれと一体のものとして相続財産（第997条第1項に規定する場合における同項に規定する権利を含む。）の全部又は一部の目録を添付する場合には、その目録については、自書することを要しない。この場合において、遺言者は、その目録の毎葉（自書によらない記載がその両面にある場合にあっては、その両面）に署名し、印を押さなければならない。

3　自筆証書（前項の目録を含む。）中の加除その他の変更は、遺言者が、その場所を指示し、これを変更した旨を付記して特にこれに署名し、かつ、その変更の場所に印を押さなければ、その効力を生じない。

5 遺留分の算定方法の見直し

Q 遺留分の基礎に算入される生前贈与の範囲が限定されると聞きました。どのように改正されるのですか。

A 相続人に対する贈与は、相続開始前10年以内にされたものに限って、遺留分算定の基礎に算入されます。

解説

1 現行制度での問題点

●民法（改正前）第1030条

> 第1030条　贈与は、相続開始前の1年間にしたものに限り、前条の規定によりその価額を算入する。当事者双方が遺留分権利者に損害を加えることを知って贈与をしたときは、1年前の日より前にしたものについても、同様とする。

　遺留分算定の基礎となる財産の価額は、被相続人の実際の遺産の価額に、生前に贈与した財産の価額を加えた金額です（民法1029）。この場合に遺留分に算入する贈与は原則的に相続開始前1年以内に行われたものと規定しているのが民法第1030条です。

　しかし、1年以上前の贈与であっても、当事者双方が、その贈与によって遺留分権利者に損害を加えることを知っていた場合は減殺請求

49

の対象となります。この場合、遺留分を侵害することを認識していればよく、遺留分権利者が誰かを知っていたことは要件ではありません（大審院昭和4年6月22日判決）。

さらに、相続人に対する贈与については、相続開始前1年を超える場合であっても、すべて遺留分算定の基礎となる財産に算入されます（最高裁平成10年3月24日判決）。相続人に対する生前贈与は特別受益であり相続財産の前渡しと考えられるからです。

しかし、この考え方には問題があります。次のような事例を考えてみると矛盾が理解できるでしょう。仮に、再婚を考える父親が、将来相続で揉めることがないよう、再婚前に子供達に生前贈与を実行したとします。この場合、父親の相続後に、後妻から子供達に遺留分減殺請求をすることが認められることになってしまいます。相続人に対する贈与は無制限に遺留分減殺請求の対象になるとするのが従来の理解でした。

2　新制度の概要

●民法（改正後）第1044条

第1044条　贈与は、相続開始前の1年間にしたものに限り、前条の規定によりその価額を算入する。当事者双方が遺留分権利者に損害を加えることを知って贈与をしたときは、1年前の日より前にしたものについても、同様とする。

2　第904条の規定は、前項に規定する贈与の価額について準用する。

3　相続人に対する贈与についての第1項の規定の適用については、同項中「1年」とあるのは「10年」と、「価額」とあ

> るのは「価額（婚姻若しくは養子縁組のため又は生計の資本
> として受けた贈与の価額に限る。）」とする。

　改正前の民法第1030条に、相続人に対する贈与は相続開始前10年間にされたものに限り、その価額を遺留分算定の基礎に加えるという規律が加わることになりました（改正後民法1044③）。遺留分の対象になるのは、婚姻若しくは養子縁組のため又は生計の資本として受けた贈与の価額に限られます。

　したがって、改正後は、相続人以外の者に対する贈与は相続開始前1年以内に行われた贈与に限られ、そして相続人に対する贈与については相続開始前の10年以内にされたものに限って遺留分の算定基礎に算入することになります。

　生前贈与財産は、贈与時の価格ではなく、相続時の価格で評価して遺留分を算定します（改正後民法1044②）。特別受益の計算を遺留分の算定に準用する考え方は改正前と同様です。

　ただし、当事者双方が、その贈与によって遺留分権利者に損害を加えることを知っていた場合は遺留分減殺請求の対象になるのは従来どおりです。したがって、改正後は、損害を加えることを知っていたか否かが問題になる事例が増加するかもしれません。

　当事者双方が遺留分権利者に損害を加えることを知っていたというためには、贈与時において遺留分侵害を認識していることと、将来、贈与者の財産が増加しないと予測していることが必要です。例えば、贈与者に収入がなく預金を取り崩して暮らしている場合に、受贈者がそのことを知っていれば、受贈者は、遺留分権利者に損害を加えることを知っていたことになります。

3　税理士として実務上注意すべき点

(1)　生前贈与の増加が予想される

　実務家は、多額の生前贈与をしようとする納税者には遺留分を侵害することがないよう指導し、無理な生前贈与が抑制されていました。改正後は、生前贈与後、10年を経過してから贈与者に相続が発生すれば、遺留分減殺請求を受けることはなくなるわけですから、大胆な生前贈与が行われやすくなるかもしれません。

　特に相続時精算課税制度を使えば、相続人に比較的多額の贈与を行うことができるため、選択が可能になる60歳以上となった被相続人から、なるべく早いうちに贈与を実行したいという相談が増加するでしょう。

　また、事業承継税制は、平成30年度税制改正によって、納税猶予の対象株式数の制限がなくなり、雇用確保要件が事実上廃止されるなど、大幅な緩和が行われました。また、事業承継税制を利用する後継者が、贈与者の推定相続人や孫以外の者であっても相続時精算課税制度の適用が可能となりました。

　さらに教育資金一括贈与など、近年は生前贈与を優遇する制度が増加しています。今回の民法改正はさらなる生前贈与の誘因になる可能性があります。

　とはいえ、生前贈与の実行後10年以内に相続が発生するか否かは予測できません、また、侵害を知って贈与を行った場合は減殺請求の対象になります。遺留分を侵害するような生前贈与は、改正後であっても慎重に判断すべきです。

(2)　従来制度の活用

　事業承継のために多額の自社株を贈与する必要がある場合には、遺

留分の特例が準備されています。平成20年から施行されている「中小企業における経営の承継の円滑化に関する法律（経営承継円滑化法）」です。被相続人が生前に行った贈与につき、推定相続人全員が合意し、経済産業大臣の確認と家庭裁判所の許可があれば、贈与財産の価額を贈与時の時価に固定すること（固定合意）、あるいは遺留分の算定対象に含めないこと（除外合意）が認められます。贈与時の時価で遺留分を算定するのが民法の原則ですが、これらの合意をすれば、後継者が経営努力で株式の価値を高めても、贈与後の価値増加部分が遺留分の算定に取り込まれることはないわけです。

また、遺留分の放棄（民法1043）も検討の価値があります。遺留分を有する相続人は、被相続人の生存中に、家庭裁判所の許可を得てあらかじめ遺留分を放棄することができます。従来から存在する民法上の制度ですが、経営承継円滑化法による合意は、後継者が贈与者よりも先に死亡した場合に合意が無効になってしまうなど、予測可能性に欠ける面があります。生前贈与あるいは遺言を作成したうえで、遺留分の放棄手続をする方が将来的な不安が少ないといえるでしょう。

司法書士 北詰の目

　従来から相続人に対する贈与が、すべて遺留分減殺請求の対象になるということについては、多くの批判がありました。税理士の皆さんは特に事業承継の場面等で、その問題点を意識されたでしょう。今後は、弁護士や司法書士とともに法的問題点をクリアしながら生前贈与を提案していくことが増えると思います。

6 遺留分減殺請求権の効力及び法的性質の見直し

Q 遺留分減殺請求権が金銭債権化される規律の見直しの内容について教えてください。

A 遺留分の侵害があった場合、受贈者等からの現物の返還に代えて価額弁償が行われることが多く、実務に追随する改正といえますが、新たな問題も生じます。

解説

1 従来の遺留分減殺請求権の内容と問題点

● 民法（改正前）第1031条

第1031条　遺留分権利者及びその承継人は、遺留分を保全するのに必要な限度で、遺贈及び前条に規定する贈与の減殺を請求することができる。

配偶者と子、父母に取得が保障されている相続財産の一定の割合が遺留分です。兄弟姉妹やその代襲相続人に遺留分はありません。

被相続人の自由な財産処分権と、相続人の潜在的持分や相続後の遺産による生活の保障を調整するのが遺留分制度の役割です。生前贈与か遺贈によって相続人の遺留分が侵害された場合、遺留分を侵害された相続人が遺留分減殺請求権を行使すれば、生前贈与又は遺贈の効力

が一部否定されることになります。

　遺留分を侵害された場合に遺留分減殺請求権を行使するかどうかは遺留分権利者の任意です。遺留分減殺請求権は形成権とされ（最高裁昭和41年7月14日判決）、減殺請求の意思表示があれば、遺留分を侵害した部分の贈与や遺贈が失効し、遺産は当然に共有状態になります。遺留分権利者は、対象となる特定の財産を任意に選択することはできませんし、また、受遺者や受贈者（遺留分義務者）も対象財産を選択することはできません。遺留分減殺請求があると、遺留分義務者には目的物の返還義務が生じ、不動産については登記義務が発生しますが、価額弁償をすることで現物の返還義務を免れることができます（民法1041）。つまり、金銭を支払うことによって遺贈や贈与の目的物の返還義務や登記手続を免れることができます。

　しかし、相続財産の大半が換金性のないものである場合は価額弁償を行うことができず、共有状態がいつまでも解消しない問題がありました。

　また、遺留分権利者から遺留分減殺請求があった場合、共有となった遺産は、遺産分割協議の対象にはならないとされ、共有物分割の訴訟手続を行います（最高裁平成8年1月26日判決）。したがって、遺産分割協議（家事審判手続）と共有物分割訴訟（地方裁判所における民事訴訟）が、別々に行われます。これは遺産分割協議が相続人全員の参加を前提とするのに対し、遺留分減殺請求は特定の相続人のみが争うという違いによるものです。

2　新制度の概要

(1)　遺留分減殺請求権の法的性格の見直し

●民法（改正後）第1046条

第1046条　遺留分権利者及びその承継人は、受遺者（特定財産承継遺言により財産を承継し又は相続分の指定を受けた相続人を含む。以下この章において同じ。）又は受贈者に対し、遺留分侵害額に相当する金銭の支払を請求することができる。

2　遺留分侵害額は、第1042条の規定による遺留分から第1号及び第2号に掲げる額を控除し、これに第3号に掲げる額を加算して算定する。

一　遺留分権利者が受けた遺贈又は第903条第1項に規定する贈与の価額

二　第900条から第902条まで、第903条及び第904条の規定により算定した相続分に応じて遺留分権利者が取得すべき遺産の価額

三　被相続人が相続開始の時において有した債務のうち、第899条の規定により遺留分権利者が承継する債務（次条第3項において「遺留分権利者承継債務」という。）の額

　民法第1031条が改正（削除）され、遺留分権利者は、受遺者又は受贈者に対して遺留分侵害額に相当する金銭の支払を請求することができるものと改められます（改正後民法1046）。つまり、遺留分減殺請求によって侵害額に相当する金銭債権が発生します。なお、従来の制度では遺留分権利者の側から価額弁償を選択することはできませんでした。

56

改正後の請求権は、従来と同様に形成権ですが、遺留分権利者には権利の行使によって金銭債権が発生することになるため、「減殺」という考え方が改められ、「**遺留分侵害額請求権**」となります。そのため「減殺」を前提とする規定の整備が行われています。

なお、改正論議では、遺留分義務者が現物財産の返還を選択することを認める案も出ましたが（中間試案）、金銭の支払を求める遺留分権利者の意思と無関係に特定の現物を返還することには問題があることから現物財産の返還を任意に選択できる制度は採用されませんでした。

(2)　今後の実務への影響

この改正により、遺留分義務者は金銭債務を負担することになりますから、理屈上、遺産が不動産しかないような場合には、遺留分権利者の選択として、受遺者固有の預金等への差押えが可能になると思われます。従来は固有財産に権利が及ぶことはありませんでした。今後は共有状態の長期化が解消できない問題は避けられますが、受遺者や受贈者には不合理な結果となります。また、遺留分権利者にとっても金銭しか受け取れず、現物の返還を請求できないのは不合理な面があります。

改正前の遺留分制度は、遺留分減殺請求をすることで、侵害額を限度として、遺産を相続時と同じような共有状態に戻し、腰を据えて現実的な解決策を交渉する点では合理的です。金銭債権化で交渉のあり方が変わってくることも考えられます。

なお、遺産分割協議が不調の場合（家事審判手続）と、遺留分侵害額請求が不調の場合（地方裁判所における民事訴訟）とで、別々の手続になるという問題については、改正後も変わらないと思われます。相続人の1人が不満でも遺産分割協議は全員で行う必要があります

が、遺留分の侵害による金銭債権については1対1で争うことになります。このことは改正後も変わりません。

(3) 受遺者又は受贈者の負担額

民法第1033条（贈与と遺贈の減殺の順序）、第1034条（遺贈の減殺の割合）、第1035条（贈与の減殺の順序）の規律が次のように整備されます。減殺の順序等に関して、遺留分減殺請求権の金銭債権化に伴う規律の整理であり、従来の考え方に変更はありません。

---

① 受遺者と受贈者とがあるときは、受遺者が先に負担する。

② 受遺者が複数あるとき、又は受贈者が複数ある場合においてその贈与が同時にされたものであるときは、受遺者又は受贈者がその目的の価額の割合に応じて負担する。ただし、遺言者がその遺言に別段の意思を表示したときは、その意思に従う。

③ 受贈者が複数あるとき（②に規定する場合を除く。）は、後の贈与に係る受贈者から順次前の贈与に係る受贈者が負担する。

3　税理士として実務上注意すべき点

改正前は、遺留分減殺請求権が行使されると、遺留分侵害額を限度に遺贈や贈与が否定され、共有関係が生じるのが民法の考え方ですが、遺留分義務者は、すでに申告した相続税について、相続税法上、この時点で更正の請求を行うことはできません。具体的に返還すべき財産や価額弁償金が確定した日の翌日から4か月以内に、更正の請求を行います（相続税法32）。また、遺留分権利者は期限後申告あるいは修正申告を行います。この点については改正後も変更はないと考えられます。

なお、遺留分減殺請求権が金銭債権化されたことで、遺産が土地等

の不動産しかないような場合に、受遺者がこれを換価してから遺留分権利者への支払に充てる場合の所得税は、受遺者の負担になります。仮に、5,000万円の金銭債務を支払うために、遺産である土地を5,000万円で譲渡できたとしても、所得税等の負担が1,000万円生じたとしたら譲渡代金全額を支払に充てることができません。改正前の共有となる制度では、所得税等は共有者全員の負担でした。

　また、金銭債権化されたことで、支払に応じない場合には遅延損害金の問題が生じます。従来であれば共有関係になるだけでしたのでこのような問題は生じませんでした。

　税理士にとっては、遺留分の侵害が生じる案件の税務処理は、今まで以上に慎重な判断が求められることになります。

司法書士 北詰の目

　遺留分減殺請求の法的性質の見直しは、司法書士の立場でも解決をみていない論点があります。例えば、従来、不動産を遺贈していた場合、それを遺留分権利者との共有状態に戻す登記は、登記原因が「遺留分減殺」とされていました。改正後は、この点はどうなるのか、など判然としない部分があるのです。

7 相続の効力等（権利の承継）に関する見直し

Q 相続による権利の承継に関して新たに設けられた規律について教えてください。

A 遺言によって相続財産を取得した場合には、法定相続分を超える部分については、登記等の対抗要件を備えなければ、相続開始後の共同相続人による財産処分などで登場する第三者に対抗することができなくなります。

1　現行制度での問題点

遺言による財産の処分方法として次の3つの方法が存在します。

(1) **相続分を指定する**

「相続人A、相続人B、相続人Cの相続分を各3分の1ずつとする。」など

(2) **遺産分割方法を指定する**

「○○市△△に所在する土地を相続人Aに相続させる。」など

(3) **遺贈する**

「全財産の3分の1をAに遺贈する。○○市△△に所在する土地をAに遺贈する。」など

判例によると、(1)の相続分の指定（最高裁平成5年7月19日判決・家月

46巻 5 号23号）や⑵の遺産分割方法の指定に基づく、いわゆる「相続さ
せる」遺言により不動産を取得した場合（最高裁平成14年 6 月10日判決・
家月55巻 1 号77頁）は、登記がなくてもその権利を第三者に対抗できる
としています。

　そうなると、実体的な権利と公示の不一致が生じる場面が数多く存
在することになり、不動産の売買や、競売などの取引の安全を害し、
公的な公示制度として定着している不動産登記制度に対する信頼を損
ねるおそれがあるとの指摘がされています。

　今回の見直しでは、これらの点を考慮して、相続による権利の承継
について遺産の分割によるものかどうかにかかわらず、法定相続分を
超える部分については、対抗要件主義を適用することとなりました。

2　新制度の概要

　新制度では、⑴相続分の指定や⑵遺産分割方法の指定による場合で
も、その法定相続分に相当する割合を超える部分については、⑶遺贈
の場合と同様に登記等の対抗要件を具備しなければ、相続開始後の共
同相続人による財産処分などで登場する第三者に対抗できないことに
なります。

　一方、債権は法定相続分に応じて当然に分割されますが、相続人の
1 人が単独で承継するなど法定相続分を超えて承継する場合、原則的
には、共同相続人全員による債務者への通知又は債務者による承諾が
なければ、相続人は、債務者その他の第三者に対抗することができま
せん（民法第467条）。しかし、今回の改正により、民法467条の特則と
して、承継した相続人が単独で遺言や遺産分割の内容を明らかにして
通知をすれば足りることとされました。

3　税理士として実務上注意すべき点

　相続による権利の承継についての見直しが図られることにより、これまでの相続実務が大きく変わることになります。我々税理士とすれば、相続による権利の承継が遺産分割か遺言によるものかにかかわらず、できるだけ早期に名義変更登記を行っておくよう助言する必要があると考えます。

司法書士 北詰の目

　遺言実務では、「○○の不動産を△△に相続させる」という形式で遺言を作成することが多いです。なぜこの形式で遺言を作成することが多いのかといえば、1つには、この形式の遺言であれば、不動産を承継した相続人からの単独申請で相続登記が認められ、簡便であること、2つ目には、先述の判例（最高裁平成14年6月10日判決・家月55巻1号77頁）により、「遺産分割方法の指定」にあたるとされ、権利の承継者の保護がなされていたからです。

　これまで相続が発生した場合、相続登記をすみやかに行わなければならないという認識は、税理士の方々には薄かったかも知れませんが、今後は変わってきます。

　例えば、相続登記を行わないうちに、相続人のうちの1人の債権者が不動産を差し押さえたら、遺言により不動産を承継した相続人は権利を主張することができないのです。

　相続が発生したら、依頼者に相続登記が必要であることを伝え、司法書士と連携してすみやかに相続登記を完了させる必要があります。

●民法（改正後）
　第899条の2（共同相続における権利の承継の対抗要件）【新設】

第899条の2　相続による権利の承継は、遺産の分割によるものかどうかにかかわらず、次条及び第901条の規定により算定した相続分を超える部分については、登記、登録その他の対抗要件を備えなければ、第三者に対抗することができない。

2　前項の権利が債権である場合において、次条及び第901条の規定により算定した相続分を超えて当該債権を承継した共同相続人が当該債権に係る遺言の内容（遺産の分割により当該債権を承継した場合にあっては、当該債権に係る遺産の分割の内容）を明らかにして債務者にその承継の通知をしたときは、共同相続人の全員が債務者に通知をしたものとみなして、同項の規定を適用する。

8 相続の効力等（義務の承継）に関する見直し

Q 義務の承継に関する規律について教えてください。

A 平成21年3月24日最高裁判決の考え方を明文化するものであり、実務に与える影響はないものと考えられます。

解説

1 義務の承継に関する規律

　相続財産には、資産となるような積極財産のほか、借金のような消極財産も含まれます。いずれの財産も被相続人の財産ですから、理論上は被相続人が遺言でその処分をすることができます。しかし、債務については、被相続人の処分の効果が無条件に債権者に及ぶとすると、資力の乏しい相続人に債務を承継させて、資力に富んだ相続人には債務を承継させないというような遺言がされた場合には、債権者は著しく不利益を被る可能性があり、不合理です。そこで判例（最高裁平成21年3月24日判決・民集63巻3号427号）では、債務についての被相続人の遺言による処分の効力は債権者に及ばず、被相続人の債権者は、各相続人に対してその法定相続分に応じて権利の行使ができる旨の判断をしています。妥当といえるでしょう。

なお、相続人間でなされた遺産分割協議で、特定の相続人に債務を承継させるような協議をした場合でも、原則として債権者にはその効力は及びません（東京高裁昭和37年4月13日決定）。

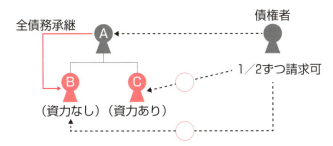

ただし、遺言でなされた法定相続分と異なる割合での債務の承継を債権者が認める場合には、不合理とはいえませんから、債権者の承諾がある場合には、効力が債権者に及ぶことになります。債権者にとっても複数の債務者の時効の管理をすることは煩雑ですし、また、引当となる財産を確保するために特定の債務者を決めることはメリットがあります。

具体例として、アパートを取得した特定の相続人がそのアパートと紐付きの借入金を単独で承継する場合を想定します。被相続人が「アパートとその借入金は、アパートの取得者である長男に相続させる」旨の遺言を残した場合でも、債権者である銀行は、アパートの取得者に限らず、他の相続人に対しても、その法定相続分までは借入金の返済を請求することができることになります。

もし、アパートの取得者だけに借入金を承継させたければ、他の相続人を債務者から外すための「免責的債務引受契約」を銀行と締結する必要があります。

実務的には、債務者（被相続人）が死亡した時点で、銀行から「免責的債務引受契約」の段取りをしてくれることもありますが、銀行に

より対応はバラバラです。

2　新制度の概要

　今回の改正によって、遺言がある場合の特定の相続人への債務の承継が明文化されました。債権者が認めれば、他の相続人を含めた免責的債務引受契約がなくても、債務を承継する相続人と債権者のみで、免責的債務引受の手続が可能になると思われます。

3　税理士として実務上注意すべき点

　遺産分割協議書に債務の承継について記載する実務が存在しますが、これは債務者間における内部の取決めの意味でしかなく、債権者に対しては個別に承諾を得なければ効力がないとされてきました。

　今回の見直しに際し、これまでの実務を変える必要はありません。

　我々税理士は、これまでの実務と同様に、被相続人の債務をある特定の相続人に承継させるような場合には、そのことを債権者に通知し、債権者の承諾を得るようにアドバイスする必要があります。

司法書士 北詰の目

　本改正は判例が明文化されるだけですが、なかには相続債務が法定相続分に分割されて承継されるということを知らなかった、あるいは深く考えたことがなかったという読者もいらっしゃるのではないでしょうか。この相続債務には、借入金のほか、連帯保証債務も含まれます。

　企業経営者に近い立場で接する税理士の方々は、このことをしっかりと認識しておく必要があります。経営状態の良い企業で

あれば、借入金や連帯保証債務については、後継者である相続人に債務を承継させることについて、金融機関は同意してくれやすいといえますが、経営状態が悪ければ、債権者として経営に関与していない相続人にも支払を求める場合があります。被相続人が亡くなってからでは遅いので、生前に話をしておく必要があるでしょう。

●民法（改正後）
第902条の2（相続分の指定がある場合の債権者の権利の行使）

第902条の2　被相続人が相続開始の時において有した債務の債権者は、前条の規定による相続分の指定がされた場合であっても、各共同相続人に対し、第900条及び第901条の規定により算定した相続分に応じてその権利を行使することができる。ただし、その債権者が共同相続人の1人に対してその指定された相続分に応じた債務の承継をしたときは、この限りでない。

9　相続人以外の者の貢献を考慮するための方策

Q 相続人以外の者が被相続人の財産の維持・増加に一定貢献をしたときの規律として設けられる内容を教えてください。

A 従前の寄与分による対応が不十分だった部分への見直しです。

解説

1　従前の寄与分の内容と限界

　従前の寄与分は、農業相続人を念頭において創設されたものであるといわれています。従前は家督相続の慣習の下で残った相続人が農地を耕していたのに、相続段階になると諸子均分相続で全員平等になるのは不公平であるとの価値判断により、法定相続分で考慮されている通常の寄与を超える特別の寄与がある場合に、相続分を修正することで、農業相続人の、被相続人への功労に報いさせようとする意味がありました。
　ところが、その後、寄与分は、農業相続よりも、そのほとんどが療養看護において主張されるようになってきた現実があります。

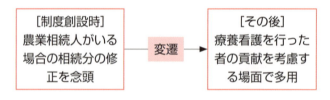

ここで問題になるのが、寄与分では、条文上、権利者を共同相続人に限定している点です（民法904の2）。というのも、被相続人の療養看護は、実際には、相続人が直接行うよりも、その妻子が行っていることが大半です。この場合、条文上は、相続人の寄与に該当しないではないかという疑問が生じるからです。

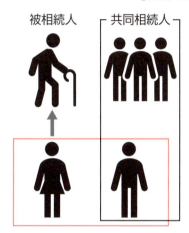

【従前の寄与分】

長男の妻が被相続人を療養看護している場合、共同相続人ではないため、条文上は、直接は寄与分として考慮できない。

　そこで、民法の個人主義の立場からは理論的に問題があるといわれつつも、家庭裁判所実務では、相続人の妻子は被相続人の手足として働いているのであるから、履行補助者と位置づけて、妻子の貢献を、相続人自身の貢献として取り扱い、寄与分として考慮することを可能とする取扱いも行ってきました。現実的な解決策としては、やむを得ないものであったということができます。

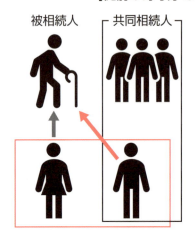

【従前の寄与分での実務的解決】

被相続人　共同相続人

長男の妻による療養看護を共同相続人である長男の寄与として認定することで実務的な救済を図る。

　ところが、相続人、例えば長男の妻子が、長男である夫の父親の療養看護に尽くしていたとしても、長男が父親よりも先に死亡してしまった場合、とりわけ、子供がいない場合には、そのような考慮をする余地がなく、実際の貢献があっても、寄与分を認めることができないという問題点が指摘されていました。

2　新制度の概要

(1)　特別寄与料の支払請求制度創設

　被相続人に対して無償で療養看護その他の労務の提供をしたことにより、被相続人の財産の維持又は増加に貢献した場合、特別寄与者は、相続の開始後、相続人に対し、特別寄与者の寄与に応じた額の金銭つまり特別寄与料の支払を請求することができるとされました。

> 特別寄与者：特別の寄与をした被相続人の親族であって、相続人・相続の放棄をした者・相続人の欠格事由に該当する者及び廃除された者を除く。

この改正は、従来と異なり、共同相続人以外の者の貢献を直接認定する枠組みが用意されたという意味で、画期的な改正であるといえるでしょう。

(2) 特別寄与料の支払に関する運用方法

上記の特別寄与料の支払について、当事者間で協議が調わないとき又は協議をすることができないときは、特別寄与者は、家庭裁判所に対して協議に代わる処分を請求することができるとされています。

この請求期間には制限が課されており、特別寄与者が相続の開始及び相続人を知った時から6か月を経過したとき、又は相続開始の時から1年を経過したときは、原則として請求できなくなります。

ただ、そもそも、この特別寄与料については、従前の寄与額同様、当事者間の協議で認められるという場合は、かなり稀でしょう。実務上は、家庭裁判所が決める場合がほとんどであると考えられます。そこで、家庭裁判所は、寄与の時期、方法及び程度、相続財産の額その他一切の事情を考慮して、特別寄与料の額を定めるものとされ、具体的にどのような場合にどの程度の特別寄与料が認められるのか、現段階では判然としません。ただ、相続人の寄与分に関しては既に裁判例が集積し、家庭裁判所の運用上のルールもある程度定まっています。特別寄与料についても、今後、寄与分に関する考え方を敷衍しつつ、実務の方向性が決められていくことになるのではないでしょうか。

この特別寄与料の額は、被相続人が相続開始の時において有した財産の価額から遺贈の価額を控除した残額を超えることができないものとされ、相続人が数人ある場合には、各相続人は、特別寄与料の額に当該相続人の相続分を乗じた額を負担することになります。

実際の運用は、家事事件手続法に、管轄給付命令、即時抗告及び保全処分に関する規律を設けることとされています。

3 税理士として実務上注意すべき点

前述のように、家庭裁判所が諸般の事情を考慮して決定することになりますので、特別寄与料を認めてもらうためには、それらの事情を裏付ける資料を提出することが重要になります。貢献の実績をノートに書いたり、根拠資料を残しておくなどの対応は、相続人が寄与分を主張する場合と同様に重要であり、場合によっては、そのようなアドバイスをしておくことが有用な場合もあるでしょう。

ただし、本制度の導入そのものは、税理士実務にはあまり関係ないものと考えてよさそうです。

なお、現行法どおりであれば、特別寄与者が取得した財産については、相続税法第18条の「2割加算」の対象になるものと考えられます。

司法書士 北詰の目

税理士の皆さんには直接関係しない制度だろうというのは、本文のとおりです。しかし、司法書士実務の中では、このような相談は数多くあり、我々には、今後の対応の中では活用していくことができそうな部分です。下手に長男の妻を養子にしていると、別のトラブルを招来しかねませんので、解決の手段が広がったといえそうです。

●民法 第904条の2（寄与分）【改正前・改正後同じ】

第904条の2 共同相続人中に、被相続人の事業に関する労務
の提供又は財産上の給付、被相続人の療養看護その他の方法

により被相続人の財産の維持又は増加について特別の寄与をした者があるときは、被相続人が相続開始の時において有した財産の価額から共同相続人の協議で定めたその者の寄与分を控除したものを相続財産とみなし、第900条から第902条までの規定により算定した相続分に寄与分を加えた額をもってその者の相続分とする。

2　前項の協議が調わないとき、又は協議をすることができないときは、家庭裁判所は、同項に規定する寄与をした者の請求により、寄与の時期、方法及び程度、相続財産の額その他一切の事情を考慮して、寄与分を定める。

3　寄与分は、被相続人が相続開始の時において有した財産の価額から遺贈の価額を控除した残額を超えることができない。

4　第2項の請求は、第907条第2項の規定による請求があった場合又は第910条に規定する場合にすることができる。

●民法（改正後）　第1050条【創設】

第1050条　被相続人に対して無償で療養看護その他の労務の提供をしたことにより被相続人の財産の維持又は増加について特別の寄与をした被相続人の親族（相続人、相続の放棄をした者及び第891条の規定に該当し又は廃除によってその相続権を失った者を除く。以下この条において「特別寄与者」という。）は、相続の開始後、相続人に対し、特別寄与者の寄与に応じた額の金銭（以下この条において「特別寄与料」という。）の支払を請求することができる。

2　前項の規定による特別寄与料の支払について、当事者間に協議が調わないとき、又は協議をすることができないときは、特別寄与者は、家庭裁判所に対して協議に代わる処分を請求することができる。ただし、特別寄与者が相続の開始及び相続人を知った時から6箇月を経過したとき、又は相続開始の時から1年を経過したときは、この限りでない。

3　前項本文の場合には、家庭裁判所は、寄与の時期、方法及び程度、相続財産の額その他一切の事情を考慮して、特別寄与料の額を定める。

4　特別寄与料の額は、被相続人が相続開始の時において有した財産の価額から遺贈の価額を控除した残額を超えることができない。

5　相続人が数人ある場合には、各相続人は、特別寄与料の額に第900条から第902条までの規定により算定した当該相続人の相続分を乗じた額を負担する。

10 相続税の課税方式の変遷

Q 相続税の課税方式は過去に何度が改正されてきたと聞きます。どのような理由で改正が行われ、現在の課税方式へと至ったのですか。

A 民法の考え方や相続に対する習慣の影響を受け、幾度かの改正が行われています。

解説

1 相続税の2つの課税方式

相続税の課税方式には、遺産課税方式と遺産取得課税方式があります。遺産課税方式は、遺産分割に関係なく被相続人の遺産総額に応じて課税する方式で、遺産取得課税方式は、相続人それぞれが相続した財産に応じて課税する方式です。

(1) 遺産課税方式

まず、遺産課税方式は、被相続人の生前の所得の清算と考えて遺産そのものを課税対象としますので、納税義務は被相続人が負うことになります。ただし、実際には遺産管理人などが申告・納税を行います。米国やイギリス、オーストラリアなどの国で採用されています。遺産分割がどのように行われたかに関係なく遺産の総額によって相続税の税額が定まるため、作為的な遺産分割による租税回避を防止しや

すい特徴があります。

⑵　**遺産取得課税方式**

　次に、遺産取得課税方式は、相続人が相続した財産の価額に応じて、個別に超過累進税率が適用されます。相続税は財産を無償で取得したことに対する所得課税と位置づけることができ、各人の担税力に見合った課税方式という意味での合理性があります。納税義務者は相続人です。ドイツやフランスなどで採用されています。

⑶　**まとめ**

　遺産課税方式は被相続人の最終の所得税であり、遺産取得課税方式は相続人が無償取得したことによる最初の所得税です。これらの所得税の特例として相続税が課税されることになります。

	遺産課税方式	遺産取得課税方式
課税の根拠	一生涯の所得の清算 社会への富の還元	無償取得による所得課税 相続人の担税力を重視
納税義務者	被相続人	相続人
課税対象	被相続人の遺産	相続人が取得した財産
税率	遺産全体に適用	相続人ごとに累進税率
課税時期	分割前に課税	分割後に課税
税負担への影響	分割による影響なし	税額が分割に影響される

2　日本の課税方式の変遷

　日本では、明治38年に相続税法が制定された当初は遺産課税方式が採用されていました。

　戦後、家督相続が廃止された後もしばらく遺産課税方式が続きましたが、この時期の特徴としては、贈与税は一生累積課税が採用されて

いたことです。生前贈与と相続を一体として捉え、両者を相続時点まで完全に累積し課税についても相続時点で精算を行うことになります。

昭和25年には、シャウプ勧告により、遺産取得課税方式に改められました。戦後の民法のもとでは遺産を取得した者の担税力に応じた課税が重視されたからです。贈与税については引き続き一生累積課税とされていましたが、昭和28年に一生累積課税は廃止されました。理念上は正しい方式であっても、一生の贈与を全て記録するのは執行上の困難が大きいからです。贈与税については受贈者ごとに贈与の都度課税することになりました。

昭和33年には、現行方式である法定相続分課税方式へと変更されました。基本的には遺産取得課税ですが、相続税の総額を法定相続人の数に応じた法定相続分によって算出し、各相続人の取得財産額で按分して各人の納付税額を決定します。日本独自ともいえる法定相続分課税方式ですがこの方式が現在に至っています。

3 遺産取得課税方式の問題点

遺産取得課税方式だった時代には、仮装分割による租税回避が横行しました。相続税をなるべく減らそうと思えば、均分に分割することでより高率な累進税率が適用されるのを避けることができるからです。また、農地や事業用の財産を後継者が相続するなど、特定の相続人に財産が集中すると適用される超過累進課税が高くなって税負担が大きくなるという弊害も指摘されていました。これらに対し、法定相続分課税方式においては、分割方法に関係なく税負担の総額は同じになります。また、法定相続分で税額を計算するため、特定の相続人が多くの遺産を取得しても超過累進税率は緩和されることにもなります。

かつて平成20年度税制改正大綱では、この遺産取得課税方式を採用することが検討されたことがあります。この年の税制改正大綱では、翌年の税制改正においていわゆる事業承継税制を新設することが表明されていました。その際、法定相続分課税方式の下では、事業承継税制を利用する後継者以外の相続人の税負担まで軽減してしまう問題があるとして、事業承継税制の創設にあわせて、遺産取得課税方式に改めると発表されました。

　しかし、結局、遺産取得課税方式は採用されませんでした。仮装分割による租税回避が防止できないためです。まさにこの理由で昭和25年に導入された遺産取得課税方式は短期間で廃止されています。また、後継者以外の相続人の税負担に影響するという指摘は、技術的に解決できる問題であり、実際に、平成21年の10月から導入された事業承継税制では、仮に父から後継者である子への自社株の相続において納税猶予を選択する場合には、後継者以外の相続人の税額には影響しない仕組みになっています。

　さらに、現行の法定相続分課税方式では、他の相続人が取得したすべての財産を把握しなければ税額計算できないという指摘がありますが、これは見方を変えると、相続人同士の牽制効果が期待できることを意味します。法定相続分課税方式の下では、相続人は自分が取得していない財産を含め遺産をすべて把握しなければなりません。相続税の税務調査が行われることを想定すると、納税者としては、互いに財産を明らかにする必要があります。それによって相続財産の隠蔽が防止される効果が期待できます。仮に、遺産取得課税方式へと変更すれば、個別に申告が完結するため、こうした牽制効果は得られなくなってしまいます。

4　遺産課税方式は導入できるのか〜米国で遺産課税方式が採用されている背景〜

　遺産課税方式の議論が行われた事例として、平成19年ごろに旧民主党は、政権を獲得することを前提に、相続税を遺産課税方式へと転換することを提唱しました。一生を通じた税負担の清算が相続税の役割との考え方から、一生の間に蓄積した富の一部を相続税として社会に還元するという旧民主党の理念を実現しようとするものでしたが、改正は現実的ではありません。

　遺産課税方式を採用する米国では、裁判所の管理の下で相続手続が行われます。例えば遺言書を遺した場合の遺産分割手続では裁判所が関与して遺言の検認手続（プロベイト）が行われます。このプロベイト手続では、財産は公示され、相続人は名乗り出る必要があります。裁判所が任命した遺言執行人又は遺産管理人が、財産や相続人の調査を行い、負債を支払います。米国連邦遺産税の申告もプロベイトに含まれます。その後、裁判所から遺産の分配許可が出されます。ちなみに、米国ではプロベイトを避けるために生前信託で遺産の分割を決めておく手法が広く利用されています。

　戸籍制度が完備した日本と異なり、米国では相続人は明らかではありません。相続人は裁判手続で確定します。相続人の確定とは別に相続税を申告・納税する必要があることから、遺産課税方式を採用せざるを得ません。

5　日本に馴染んだ法定相続分課税方式

　仮に、日本でも遺産課税方式へと変更するのであれば、米国同様、遺産分割を行う前に納税を行う必要があります。そうなれば、相続税と他の債権者との優先関係を調整する必要が生じてきます。また、贈

与税については、一生累積課税を導入する必要も生じてきますし、課税漏れがあった場合にどの相続人に税負担を求めることができるのかが問題になります。贈与税を含めた税体系を見直し、さらに小規模宅地特例や配偶者の軽減などの優遇措置は取得した人ごとに適用されるので遺産課税方式では廃止する必要があります。また、最終の所得税と考えるのであれば評価体系も取引時価を中心とする手法に見直す必要があります。

　各国の課税方式にはその固有の歴史と文化的な背景があるのです。文化を無視してまで課税方式を変更する必要性はありませんし、現実的ではないでしょう。いずれにしても、法定相続分課税方式は長年の運用によって馴染みの方式になっているといえます。

11 施行期日

Q 今回改正される民法相続編における各規定の施行期日について教えてください。

A 改正法の附則において各規定の施行期日は公布日を起算日として次のように規定されています。公布日は、平成30年7月13日です。

●民法及び家事事件手続法の一部を改正する法律

附則

（施行期日）

第1条　この法律は、公布の日から起算して1年を超えない範囲内において政令で定める日から施行する。

　　ただし、次の各号に掲げる規定は、当該各号に定める日から施行する。

一　附則第30条及び第31条の規定　公布の日

二　第1条中民法第968条、第970条第2項及び第982条の改正規定並びに附則第6条の規定　公布の日から起算して6か月を経過した日

三　第1条中民法第998条、第1000条及び第1025条ただし書の改正規定並びに附則第7条及び第9条の規定　民法の一部を改正する法律（平成29年法律第44号）の施行の日

四　第2条並びに附則第10条、第13条、第14条、第17条、第

18条及び第23条から第26条までの規定　公布の日から起算して２年を超えない範囲内において政令で定める日

五　第３条中家事事件手続法第３条の11及び第３条の14の改正規定並びに附則第11条第１項の規定　人事訴訟法等の一部を改正する法律（平成30年法律第20号）の施行の日又はこの法律の施行の日のいずれか遅い日

【各規定の施行期日】

各論番号	規 定 の 名 称	施 行 期 日
4	自筆証書遺言の方式緩和	公布日（平成30年７月13日）から起算して６か月を経過した日
2	配偶者保護のための方策	公布日（平成30年７月13日）から起算して１年を超えない範囲内において政令で定める日
3	仮払い制度等の創設・要件明確化 （家事事件手続法の「遺産の分割の審判事件を本案とする保全処分」を含む）	公布日（平成30年７月13日）から起算して１年を超えない範囲内において政令で定める日
5	遺留分の算定方法の見直し	公布日（平成30年７月13日）から起算して１年を超えない範囲内において政令で定める日
6	遺留分減殺請求権の効力及び法的性質の見直し	公布日（平成30年７月13日）から起算して１年を超えない範囲内において政令で定める日
7	相続の効力等（権利の承継）に関する見直し	公布日（平成30年７月13日）から起算して１年を超えない範囲内において政令で定める日
8	相続の効力等（義務の承継）に関する見直し	公布日（平成30年７月13日）から起算して１年を超えない範囲内において政令で定める日
9	相続人以外の者の貢献を考慮するための方策	公布日（平成30年７月13日）から起算して１年を超えない範囲内において政令で定める日
1	配偶者の居住権を保護するための方策	公布日（平成30年７月13日）から起算して２年を超えない範囲内において政令で定める日
4	遺言書の保管制度の創設	公布日（平成30年７月13日）から起算して２年を超えない範囲内において政令で定める日

この改正の適用に当たっては、次のような経過措置が設けられています。

【経過措置関係】

●民法及び家事事件手続法の一部を改正する法律

附則

（民法の一部改正に伴う経過措置の原則）

第２条　この法律の施行の日（以下「施行日」という。）前に開始した相続については、この附則に特別の定めがある場合を除き、なお従前の例による。

（共同相続における権利の承継の対抗要件に関する経過措置）

第３条　第１条の規定による改正後の民法（以下「新民法」という。）第899条の２の規定は、施行日前に開始した相続に関し遺産の分割による債権の承継がされた場合において、施行日以後にその承継の通知がされるときにも、適用する。

（夫婦間における居住用不動産の遺贈又は贈与に関する経過措置）

第４条　新民法第903条第４項の規定は、施行日前にされた遺贈又は贈与については、適用しない。

（遺産の分割前における預貯金債権の行使に関する経過措置）

第５条　新民法第909条の２の規定は、施行日前に開始した相続に関し、施行日以後に預貯金債権が行使されるときにも、適用する。

２　施行日から附則第１条第３号に定める日の前日までの間に

おける新民法第909条の2の規定の適用については、同条中「預貯金債権のうち」とあるのは、「預貯金債権（預金口座又は貯金口座に係る預金又は貯金に係る債権をいう。以下同じ。）のうち」とする。

（自筆証書遺言の方式に関する経過措置）
第6条　附則第1条第2号に掲げる規定の施行の日前にされた自筆証書遺言については、新民法第968条第2項及び第3項の規定にかかわらず、なお従前の例による。

（遺贈義務者の引渡義務等に関する経過措置）
第7条　附則第1条第3号に掲げる規定の施行の日（以下「第3号施行日」という。）前にされた遺贈に係る遺贈義務者の引渡義務については、新民法第998条の規定にかかわらず、なお従前の例による。
2　第1条の規定による改正前の民法第1000条の規定は、第3号施行日前にされた第三者の権利の目的である財産の遺贈については、なおその効力を有する。

（遺言執行者の権利義務等に関する経過措置）
第8条　新民法第1007条第2項及び第1012条の規定は、施行日前に開始した相続に関し、施行日以後に遺言執行者となる者にも、適用する。
2　新民法第1014条第2項から第4項までの規定は、施行日前にされた特定の財産に関する遺言に係る遺言執行者によるそ

の執行については、適用しない。

3　施行日前にされた遺言に係る遺言執行者の復任権については、新民法第1016条の規定にかかわらず、なお従前の例による。

（撤回された遺言の効力に関する経過措置）

第9条　第3号施行日前に撤回された遺言の効力については、新民法第1025条ただし書の規定にかかわらず、なお従前の例による。

（配偶者の居住の権利に関する経過措置）

第10条　第2条の規定による改正後の民法（次項において「第4号新民法」という。）第1028条から第1041条までの規定は、次項に定めるものを除き、附則第1条第4号に掲げる規定の施行の日（以下この条において「第4号施行日」という。）以後に開始した相続について適用し、第4号施行日前に開始した相続については、なお従前の例による。

2　第4号新民法第1028条から第1036条までの規定は、第4号施行日前にされた遺贈については、適用しない。

（家事事件手続法の一部改正に伴う経過措置）

第11条　第3条の規定による改正後の家事事件手続法（以下「新家事事件手続法」という。）第3条の11第4項の規定は、附則第1条第5号に掲げる規定の施行の日前にした特定の国の裁判所に特別の寄与に関する処分の審判事件（新家事事件

手続法別表第2の15の項の事項についての審判事件をいう。）
の申立てをすることができる旨の合意については、適用しない。

2　施行日から第3号施行日の前日までの間における新家事事件手続法第200条第3項の規定の適用については、同項中「民法第466条の5第1項に規定する預貯金債権」とあるのは、「預金口座又は貯金口座に係る預金又は貯金に係る債権」とする。

資　料

資料1 遺言書ひな型（別紙に物件等目録を添付する方式）

※別紙に物件等目録を添付する方式。遺言書本文は全て自書でなければならない。

遺 言 書

1．私は、私の所有する別紙目録第1記載の不動産を、長男山田太郎（昭和〇年〇月〇日生）に相続させる。

2．私は、私の所有する別紙目録第2記載の預貯金を、次男山田次郎（昭和〇年〇月〇日生）に相続させる。

3．私は、上記1及び2の財産以外の一切の財産を、三男山田三郎（昭和〇年〇月〇日生）に相続させる。

4．私は、この遺言の遺言執行者として、次の者を指定する。

住　所　東京都千代田区〇〇一丁目1番1号

職　業　司法書士

氏　名　佐藤太郎

生年月日　昭和〇年〇月〇日

平成30年〇月〇日

　　　　住　所　東京都杉並区〇〇一丁目〇番〇号

　　　　　　　　　　　山田大二郎

（注）法制審議会民法（相続関係）部会「第11回会議参考資料5」を参考に作成。

※パソコン等で作成した物件等目録（署名部分以外は自書でなくてもよい。）

物件等目録

第1　不動産
　1　土地
　　　所　　　在　　東京都杉並区○○一丁目
　　　地　　　番　　300番2
　　　地　　　目　　宅地
　　　地　　　積　　123.00m²

　2　建物
　　　所　　　在　　東京都杉並区○○一丁目300番地2
　　　家屋番号　　300番2
　　　種　　　類　　居宅
　　　構　　　造　　木造瓦葺2階建
　　　床 面 積　　1階63.00m²
　　　　　　　　　　2階58.00m²

第2　預貯金
　1　○○銀行　東京支店　普通預金
　　　口座番号　　○○○○○

　2　○○銀行　杉並支店　普通預金
　　　口座番号　　○○○○○

　　　　　　　　　　　　　　　　　山田大二郎　㊞

資料2 遺言書ひな型（別紙として目録等を添付する方式）

※別紙として目録等を添付する方式。遺言書本文は全て自書でなければならない。

遺 言 書

1、私は、私の所有する別紙1の不動産を、長男山田太郎（昭和○年○月○日生）に相続させる。

2、私は、私の所有する別紙2の株式を、次男山田次郎（昭和○年○月○日生）に相続させる。

3、私は、別紙3の預貯金を三男山田三郎（昭和○年○月○日生）に相続させる。

4、私は、この遺言の遺言執行者として、次の者を指定する。

住　所　東京都千代田区○○一丁目1番1号

職　業　司法書士

氏　名　佐藤太郎

生年月日　昭和○年○月○日

平成30年○月○日

　　　　住　所　東京都杉並区○○一丁目○番○号

　　　　　　　　　　　山田大二郎

（注）法制審議会民法（相続関係）部会「第25回会議参考資料」を参考に作成。

※別紙として登記事項証明書に署名押印したもの

別紙1

表　題　部（土地の表示）	調製	平成○年2月21日	不動産番号	0123456789000
地図番号	余白	筆界特定	余白	
所　　在	杉並区○○一丁目		余白	
①地番	②地目	③地積　m²	原因及びその日付［登記の日付］	
300番2	宅地	123　00	△番○から分筆 ［平成○年4月5日］	
余白	余白	余白	平成17年法務省令第18号附則第3条第2項の規定により移記 平成○年2月25日	

権　利　部（甲　区）（所　有　権　に　関　す　る　事　項）			
順位番号	登記の目的	受付年月日・受付番号	権利者その他の事項
1	所有権移転	昭和△年2月10日 第123456号	原因　昭和○年11月2日売買 所有者　文京区目白一丁目●番▲号 　　　　田中　太郎 順位番号1番の登記を移記
	余白		平成17年法務省令第18号附則第3条第2項の規定により移記 平成○年2月25日
2	所有権移転	平成○年5月25日 第12345号	原因　平成○年4月25日売買 所有者　杉並区○○一丁目○番○号 　　　　山田大二郎

　これは登記簿に記載されている事項の全部を証明した書面である。

平成○年1月4日

東京法務局　　　　　　　　登記官　　　法　務　太　郎　　　　　印

※　下線のあるものは抹消事項であることを示す。　　整理番号　D3○○○○

　　　　　　　　　　　　　　　　　　　　　　　　　山田大二郎　

資料

資料2　遺言書ひな型（別紙として目録等を添付する方式）

※別紙として株式の目録を添付したもの

別紙2

目　録

　私名義の株式会社山田（本店　東京都港区○○一丁目1番1号）の
株式

1000株

山田大二郎　㊞

※別紙として預金通帳のコピーに署名押印したもの

別紙3

普通預金通帳　　　　　　　　○○銀行○○支店

名義人　山田大二郎様

店番　○○　　口座番号　○○○○○

山田大二郎 ㊞

資料

資料2 遺言書ひな型（別紙として目録等を添付する方式）

資料3　遺産分割協議書

例：配偶者居住権を設定した遺産分割協議書

<h3 style="text-align:center">遺　産　分　割　協　議　書</h3>

被　相　続　人　山田大二郎

（平成○年○月○日死亡）

最 後 の 本 籍　東京都杉並区○○一丁目○番

最 後 の 住 所　東京都杉並区○○一丁目○番○号

登記簿上の住所　東京都杉並区○○一丁目○番○号

　上記被相続人の遺産について、共同相続人間において遺産の分割について協議をした結果、次のとおり決定した。

1　被相続人の長男山田太郎は、次の不動産の所有権を取得する。

所　　　在　東京都杉並区○○一丁目

地　　　番　300番2

地　　　目　宅地

地　　　積　123.00m²

所　　　在　東京都杉並区○○一丁目300番地2

家 屋 番 号　300番2

種　　　類　居宅

構　　　造　木造瓦葺2階建

床 面 積　1階63.00m²

　　　　　　　2階58.00m²

2　被相続人の配偶者山田花子は、次の不動産に関する配偶者居住権を取得する。

所　　　　在　東京都杉並区○○一丁目300番地2
家 屋 番 号　300番2
種　　　　類　居宅
構　　　　造　木造瓦葺2階建
床　面　積　1階63.00m²
　　　　　　　2階58.00m²
存続期間は、山田花子の終身の間とする。

以上のとおり、相続人全員による遺産分割協議が成立したので、これを証するため本書を作成し、署名捺印する。

平成○年○月○日

　　　　　　（住　　所）東京都杉並区○○一丁目○番○号

　　　　　　（氏　　名）　山田花子　　　　　　　　　　

　　　　　　（住　　所）東京都杉並区○○一丁目○番○号

　　　　　　（氏　　名）　山田太郎

資料4　相続法制改正の歴史

　相続法制は、明治民法の制定以来、時代の流れに即しながら改正を
重ねて現行の形になっています。今回の改正を理解するうえでも、こ
れまでの相続法制の改正の歴史を知ることは大切です。

(1)　明治民法の制定

　民法「第5編　相続」は、「第1編　総則」「第2編　物権」「第3
編　債権」「第4編　親族」とともに、明治31年7月16日から施行さ
れました。大日本帝国憲法の下で作られた民法ですので、日本国憲法
の下での民法と区別する意味で、「明治民法」と呼ばれることがあり
ます。

　家制度を前提として、家督相続を中心にまとめられています。長男
の単独相続であり、次男などには一切の財産の相続は認められません
でした。相続する長男にも相続放棄が認められないなど、現行の民法
とは大きく異なる制度でした。

(2)　昭和17年改正

　相続人となるべき者が死亡した時に胎児であった者にも代襲して相
続人となることが認められ、代襲相続人の範囲を広げる改正が行われ
ました。これは太平洋戦争が行われていたことを背景としています。
家督相続人である長男が戦死した場合に、長男の子を家督相続人にし
やすくする必要性があったのです。

(3)　昭和22年改正

　太平洋戦争終結により、日本国憲法が制定され、「個人の尊厳」と
「両性の本質的平等」という憲法の定めに沿った民法を作る必要があ
り、改正が行われました。ここで家督相続制度の廃止や配偶者の相続
権の確立等が図られました。

昭和22年の改正では、戦後の混乱等もあり、十分な議論が行えないまま改正が行われました。そのため日本国憲法に抵触しない部分については、明治民法の規定がそのまま残されることとなりました。そこで、昭和22年改正については、衆議院司法委員会において、「本法は、可及的速やかに、将来において更に改正する必要があることを認める。」との附帯決議がなされました。

⑷　昭和37年改正

　昭和37年改正では、解釈上疑義が生じていた部分について改正が行われ、具体的には①代襲相続制度の見直し、②相続の限定承認・放棄制度の見直し、③特別縁故者への分与制度の新設が行われました。

⑸　昭和55年改正

　昭和22年改正以後、最も大きな改正といえます。今回の改正も「約40年ぶりの大改正」などといわれることがありますが、それは昭和55年改正から数えてという意味です。

　昭和55年改正では、①配偶者の相続分の引上げ、②寄与分制度の新設、③代襲相続制度の見直し、④遺産分割の基準の見直し、⑤遺留分の見直しが行われました。

　①は、配偶者の法定相続分について、子と相続する場合は3分の1、直系尊属と相続する場合は2分の1、兄弟姉妹と相続する場合は3分の2とされていたところを、現行法の割合に引き上げられました。③については、兄弟姉妹が相続人になる場合、代襲相続人に制限がありませんでしたが、兄弟姉妹の子までと制限されました。

　このほか、昭和55年改正では配偶者の居住権を認めることなど、今回の改正で議論されたことも検討されましたが、この時点では改正が行われませんでした。そのほか、嫡出子と非嫡出子の相続分の同等化も検討されましたが、改正には至りませんでした。

⑹ 平成8年の法制審議会の答申

　婚姻及び離婚制度の見直しに関する事項、嫡出でない子の相続分を嫡出子の相続分と同等にすることなどを内容とする「民法の一部を改正する法律案要綱」が法務大臣に答申されましたが、法案を国会に提出するには至りませんでした。

⑺ 平成11年改正

　聴覚・言語機能障害者が手話通訳等の通訳または筆談により公正証書遺言を作成することができるようにするなど、遺言に関する見直しが行われました。

⑻ 中小企業における経営の承継の円滑化に関する法律（平成20年）

　中小企業における事業承継の問題に対する手当として、「中小企業における経営の承継の円滑化に関する法律」が制定されました。経済産業大臣の確認など所定の手続を経ることで、先代経営者からの贈与等により取得した株式の価額を遺留分算定の基礎となる財産の価額に算入しないなど、円滑な事業承継の妨げになる遺留分に関する対応が可能となりました。しかしながら、あまり活用は進んでいないようです。

⑼ 平成25年改正

　平成25年9月4日に最高裁判所により、非嫡出子の相続分が嫡出子の2分の1であるとする民法の規定が違憲であるという判断がなされました。これにより、嫡出子と非嫡出子の相続分を同等とする改正が行われました。

　この改正をきっかけとして、時代に合った相続法制にする必要があるという意見があり、今回の改正につながっています。

資料5　民法（相続関係）等の改正に関する要綱案

（法制審議会民法（相続関係）部会第26回会議資料26-１）

第1　配偶者の居住権を保護するための方策

1　配偶者の居住権を短期的に保護するための方策

配偶者の居住権を短期的に保護するための方策として、次のような規律を設けるものとする。

⑴　居住建物について配偶者を含む共同相続人間で遺産の分割をすべき場合の規律

ア　配偶者短期居住権の内容及び成立要件

配偶者は、被相続人の財産に属した建物に相続開始の時に無償で居住していた場合において、その居住していた建物（以下1において「居住建物」という。）について配偶者を含む共同相続人間で遺産の分割をすべきときは、遺産の分割により居住建物の帰属が確定した日又は相続開始の時から6か月を経過する日のいずれか遅い日までの間、居住建物の所有権を相続により取得した者に対し、居住建物について無償で使用する権利（注1。居住建物の一部のみを無償で使用していた場合にあっては、その部分について無償で使用する権利。以下「配偶者短期居住権」という。）を有する。ただし、配偶者が相続開始の時において居住建物に係る配偶者居住権（後記2）を取得したときは、この限りでない。

イ　配偶者短期居住権の効力

㋐　配偶者による使用

a　配偶者は、従前の用法に従い、善良な管理者の注意をもって、居住建物の使用をしなければならない。

b　配偶者短期居住権は、譲渡することができない。

c　配偶者は、他の全ての相続人の承諾を得なければ、第三者に居住建物の使用をさせることができない。

㋑　居住建物の修繕等

a　配偶者は、居住建物の使用に必要な修繕をすることができ
　　　る。

　　b　居住建物の修繕が必要である場合において、配偶者が相当
　　　の期間内に必要な修繕をしないときは、他の相続人は、その
　　　修繕をすることができる。

　　c　居住建物が修繕を要するとき（aの規律により配偶者が自
　　　らその修繕をするときを除く。）、又は居住建物について権利
　　　を主張する者があるときは、配偶者は、他の相続人に対し、
　　　遅滞なくその旨を通知しなければならない。ただし、他の相
　　　続人が既にこれを知っているときは、この限りでない。

　㈡　居住建物の費用の負担

　　a　配偶者は、居住建物の通常の必要費を負担する。

　　b　配偶者が居住建物について通常の必要費以外の費用を支出
　　　したときは、各共同相続人は、民法第196条の規定に従い、
　　　その相続分に応じて、その償還をしなければならない。ただ
　　　し、有益費については、裁判所は、他の相続人の請求によ
　　　り、その償還について相当の期限を許与することができる。

ウ　配偶者短期居住権の消滅

　㈠　配偶者がイ㈠a又はcの規律に違反したときは、他の相続人
　　は、当該配偶者に対する意思表示によって配偶者短期居住権を
　　消滅させることができる。

　㈡　配偶者短期居住権は、その存続期間の満了前であっても、配
　　偶者が死亡したとき（注２）又は配偶者が配偶者居住権を取得
　　したときは、消滅する。

　㈢　配偶者は、配偶者短期居住権が消滅したとき（配偶者が配偶
　　者居住権を取得したときを除く。）は、居住建物の返還をしな
　　ければならない。ただし、配偶者が居住建物について共有持分
　　を有する場合は、他の相続人は、配偶者短期居住権が消滅した

ことを理由として居住建物の返還を求めることができない。

　㈢　配偶者は、㈦本文の規律により居住建物の返還をするときは、相続開始の後に居住建物に生じた損傷（通常の使用によって生じた損耗及び経年変化を除く。）を原状に復する義務を負う。ただし、その損傷が配偶者の責めに帰することができない事由によるものであるときは、この限りでない。

　㈠　配偶者は、㈦本文の規律により居住建物の返還をするときは、相続開始の後に居住建物に附属させた物を収去する義務を負う。ただし、居住建物から分離することができない物又は分離するのに過分の費用を要する物については、この限りでない。

　㈢　配偶者は、㈦本文の規律により居住建物の返還をするときは、相続開始の後に居住建物に附属させた物を収去することができる。

　㈭　イ㈠a又はcの規律に違反する使用によって生じた損害の賠償及び配偶者が支出した費用の償還は、居住建物が返還された時から１年以内に請求しなければならない。

　㈦　㈭の損害賠償の請求権については、居住建物が返還された時から１年を経過するまでの間は、時効は、完成しない。

⑵　⑴以外の場合の規律

　ア　配偶者が被相続人の財産に属した建物に相続開始の時に無償で居住していた場合において、⑴以外のときは、配偶者は、居住建物の所有権を相続又は遺贈により取得した者が後記イの申入れをした日から６か月を経過する日までの間、その者に対し、配偶者短期居住権を有する。ただし、配偶者が、相続開始の時において居住建物に係る配偶者居住権を取得したとき、又は欠格事由に該当し若しくは廃除によってその相続権を失ったときは、この限りでない。

イ　居住建物の所有権を相続又は遺贈により取得した者は、いつで
　も配偶者短期居住権の消滅の申入れをすることができる。

ウ　配偶者短期居住権の存続期間以外の規律は、(1)に同じ（注3）。

　（注1）配偶者短期居住権によって受けた利益については、配偶者の具体的
　　相続分からその価額を控除することを要しない。

　（注2）配偶者の死亡により配偶者短期居住権が消滅した場合には、配偶者
　　の相続人が配偶者の義務を相続することになる。

　（注3）(1)において他の相続人が負担することとされている必要費又は有益
　　費の負担者や配偶者短期居住権の消滅請求権等の主体は、居住建物の所有
　　権を有する者となる。

2　配偶者の居住権を長期的に保護するための方策

　配偶者の居住権を長期的に保護するための方策として、次のような
規律を設けるものとする。

(1)　配偶者居住権の内容、成立要件等

　ア　配偶者は、被相続人の財産に属した建物に相続開始の時に居住
　　していた場合において、次のいずれかに掲げるときは、その居住
　　していた建物（以下2において「居住建物」という。）の全部に
　　ついて無償で使用及び収益をする権利（以下「配偶者居住権」と
　　いう。）を取得する（注1）。ただし、被相続人が相続開始の時に
　　居住建物を配偶者以外の者と共有していた場合にあっては、この
　　限りでない。

　　㋐　遺産の分割によって配偶者居住権を取得するものとされたと
　　　き。

　　㋑　配偶者居住権が遺贈の目的とされたとき。

　　㋒　被相続人と配偶者との間に、配偶者に配偶者居住権を取得さ
　　　せる旨の死因贈与契約があるとき。

　イ　遺産の分割の請求を受けた家庭裁判所は、次に掲げる場合に限
　　り、ア㋐の審判をすることができる。

(ア) 共同相続人間に配偶者が配偶者居住権を取得することについて合意が成立しているとき。

(イ) 配偶者が家庭裁判所に対して配偶者居住権の取得を希望する旨を申し出た場合において、居住建物の所有者の受ける不利益の程度を考慮してもなお配偶者の生活を維持するために特に必要があると認めるとき。

ウ 配偶者居住権の存続期間は、配偶者の終身の間とする。ただし、遺産の分割の協議若しくは遺言に別段の定めがあるとき、又は家庭裁判所が遺産の分割の審判において別段の定めをしたときは、その定めるところによる。

エ 居住建物が配偶者の財産に属することとなった場合であっても、他の者がその共有持分を有するときは、配偶者居住権は、消滅しない。

(2) 配偶者居住権の効力

ア 登記請求権

居住建物の所有者は、配偶者に対し、配偶者居住権の設定の登記を備えさせる義務を負う。

イ 第三者対抗要件

配偶者居住権は、これを登記したときは、居住建物について物権を取得した者その他の第三者に対抗することができる。

ウ 妨害の停止の請求等

配偶者は、イの登記を備えた場合において、次に掲げるときは、それぞれ次に定める請求をすることができる。

(ア) 居住建物の占有を第三者が妨害しているとき　その第三者に対する妨害の停止の請求

(イ) 居住建物を第三者が占有しているとき　その第三者に対する返還の請求

エ 配偶者による使用及び収益

㋐　配偶者は、従前の用法に従い、善良な管理者の注意をもっ
て、居住建物の使用及び収益をしなければならない。ただし、
従前居住の用に供していなかった部分について、これを居住の
用に供することを妨げない。

㋑　配偶者居住権は、譲渡することができない。

㋒　配偶者は、居住建物の所有者の承諾を得なければ、居住建物
の改築若しくは増築をし、又は第三者に居住建物の使用若しく
は収益をさせることができない。

オ　第三者による適法な居住建物の使用又は収益

㋐　配偶者が適法に第三者に居住建物の使用又は収益をさせてい
るときは、その第三者は、配偶者が居住建物の所有者に対して
負っている債務の範囲を限度として、居住建物の所有者に対
し、配偶者とその第三者との契約に基づく債務を直接履行する
義務を負う。

㋑　㋐の規定は、居住建物の所有者が配偶者に対してその権利を
行使することを妨げない。

㋒　配偶者が適法に第三者に居住建物の使用又は収益をさせてい
た場合には、居住建物の所有者は、配偶者居住権を合意により
消滅させたことをもってその第三者に対抗することができな
い。ただし、配偶者居住権を消滅させた時に、居住建物の所有
者が後記(3)アによって配偶者居住権を消滅させることができた
ときは、この限りでない。

カ　居住建物の修繕等

㋐　配偶者は、居住建物の使用及び収益に必要な修繕をすること
ができる。

㋑　居住建物の修繕が必要である場合において、配偶者が相当の
期間内に必要な修繕をしないときは、居住建物の所有者は、そ
の修繕をすることができる。

104

(ｳ)　居住建物が修繕を要するとき（(ｱ)の規律により配偶者が自ら
　　　その修繕をするときを除く。）、又は居住建物について権利を主
　　　張する者があるときは、配偶者は、居住建物の所有者に対し、
　　　遅滞なくその旨を通知しなければならない。ただし、居住建物
　　　の所有者が既にこれを知っているときは、この限りでない。

　キ　居住建物の費用の負担
　　(ｱ)　配偶者は、居住建物の通常の必要費を負担する。
　　(ｲ)　配偶者が居住建物について通常の必要費以外の費用を支出し
　　　たときは、居住建物の所有者は、民法第196条の規定に従い、
　　　その償還をしなければならない。ただし、有益費については、
　　　裁判所は、居住建物の所有者の請求により、その償還について
　　　相当の期限を許与することができる。

(3)　配偶者居住権の消滅
　ア　配偶者が(2)エ(ｱ)又は(ｳ)の規律に違反した場合において、居住建
　　　物の所有者が相当の期間を定めてその是正の催告をし、その期間
　　　内に是正がされないときは、居住建物の所有者は、当該配偶者に
　　　対する意思表示によって配偶者居住権を消滅させることができ
　　　る。
　イ　配偶者居住権は、その存続期間の満了前であっても、配偶者が
　　　死亡したときは、消滅する（注2）。
　ウ　配偶者は、配偶者居住権が消滅したときは、居住建物の返還を
　　　しなければならない。ただし、配偶者が居住建物について共有持
　　　分を有する場合は、居住建物の所有者は、配偶者居住権が消滅し
　　　たことを理由として居住建物の返還を求めることができない。
　エ　配偶者は、ウ本文の規律により居住建物を返還するときは、相
　　　続開始の後に居住建物に生じた損傷（通常の使用及び収益によっ
　　　て生じた損耗並びに経年変化を除く。）を原状に復する義務を負
　　　う。ただし、その損傷が配偶者の責めに帰することができない事

由によるものであるときは、この限りでない。

オ　配偶者は、ウ本文の規律により居住建物を返還するときは、相続開始の後に居住建物に附属させた物を収去する義務を負う。ただし、居住建物から分離することができない物又は分離するのに過分の費用を要する物については、この限りでない。

カ　配偶者は、ウ本文の規律により居住建物を返還するときは、相続開始の後に居住建物に附属させた物を収去することができる。

キ　(2)エ(ア)又は(ウ)の規律に違反する使用又は収益によって生じた損害の賠償及び配偶者が支出した費用の償還は、居住建物が返還された時から1年以内に請求しなければならない。

ク　キの損害賠償の請求権については、居住建物が返還された時から1年を経過するまでの間は、時効は、完成しない。

（注1）配偶者が配偶者居住権を取得した場合には、その財産的価値に相当する価額を相続したものと扱う。

（注2）配偶者の死亡により配偶者居住権が消滅した場合には、配偶者の相続人が配偶者の義務を相続することになる。

第2　遺産分割に関する見直し等

1　配偶者保護のための方策（持戻し免除の意思表示の推定規定）

民法第903条に次の規律を付け加えるものとする。

婚姻期間が20年以上の夫婦の一方である被相続人が、他の一方に対し、その居住の用に供する建物又はその敷地（第1・2に規定する配偶者居住権を含む。）について遺贈又は贈与をしたときは、民法第903条第3項の持戻し免除の意思表示があったものと推定する。

2　仮払い制度等の創設・要件明確化

⑴　家事事件手続法の保全処分の要件を緩和する方策

家事事件手続法第200条に次の規律を付け加えるものとする。

家庭裁判所は、遺産の分割の審判又は調停の申立てがあった場合において、相続財産に属する債務の弁済、相続人の生活費の支弁その他の事情により遺産に属する預貯金債権を当該申立てをした者又は相手方が行使する必要があると認めるときは、その申立てにより、遺産に属する特定の預貯金債権の全部又は一部をその者に仮に取得させることができる。ただし、他の共同相続人の利益を害するときは、この限りでない。

(2)　家庭裁判所の判断を経ないで、預貯金の払戻しを認める方策

　　共同相続された預貯金債権の権利行使について、次のような規律を設けるものとする。

　　各共同相続人は、遺産に属する預貯金債権のうち、その相続開始の時の債権額の３分の１に当該共同相続人の法定相続分を乗じた額（ただし、預貯金債権の債務者ごとに法務省令で定める額を限度とする。）については、単独でその権利を行使することができる。この場合において、当該権利の行使をした預貯金債権については、当該共同相続人が遺産の一部の分割によりこれを取得したものとみなす。(注)

　　　(注)　金融機関ごとに払戻しを認める上限額については、標準的な必要生計費や平均的な葬式の費用の額その他の事情（高齢者世帯の貯蓄状況）を勘案して法務省令で定める。

3　一部分割

　民法第907条第１項及び第２項の規律を次のように改めるものとする。

(1)　共同相続人は、被相続人が遺言で禁じた場合を除き、いつでも、その協議で、遺産の全部又は一部の分割をすることができる。

(2)　遺産の分割について、共同相続人間に協議が調わないとき、又は協議をすることができないときは、各共同相続人は、その全部又は

一部の分割を家庭裁判所に請求することができる。ただし、遺産の一部を分割することにより、他の共同相続人の利益を害するおそれがある場合におけるその一部の分割については、この限りでない。

4 遺産の分割前に遺産に属する財産を処分した場合の遺産の範囲

遺産の分割前に遺産に属する財産を処分した場合の遺産の範囲について、次のとおりの規律を設けるものとする。

⑴ 遺産の分割前に遺産に属する財産が処分された場合であっても、共同相続人は、その全員の同意により、当該処分された財産が遺産の分割時に遺産として存在するものとみなすことができる。

⑵ ⑴の規定にかかわらず、共同相続人の一人又は数人により⑴の財産が処分されたときは、当該共同相続人については、⑴の同意を得ることを要しない。

第3 遺言制度に関する見直し

1 自筆証書遺言の方式緩和

⑴ 民法第968条に次のような規律を加えるものとする。

民法第968条第1項の規定にかかわらず、自筆証書に相続財産（民法第997条第1項に規定する場合における同項に規定する権利を含む。）の全部又は一部の目録を添付する場合には、その目録については、自書することを要しない。この場合において、遺言者は、その目録の毎葉（自書によらない記載がその両面にある場合にあっては、その両面）に署名し、印を押さなければならない。

⑵ 民法第968条第2項の「自筆証書中の加除その他の変更」を「自筆証書（⑴の目録を含む。）中の加除その他の変更」に改めるものとする。

2 自筆証書遺言に係る遺言書の保管制度の創設

次のとおり、遺言書の保管制度を創設するものとする。

⑴ 遺言者は、法務局に、民法第968条に定める方式による遺言書（無封のものに限る。）の保管を申請することができる（注1）（注2）。

⑵ 遺言者は、遺言書を保管している法務局に対し、遺言書の返還又は閲覧を請求することができる。

⑶ ⑴の申請及び⑵の請求は、遺言者が自ら法務局に出頭して行わなければならない。

⑷ 何人も、法務局に対し、次に掲げる遺言書について、その遺言書を保管している法務局の名称等（保管されていないときは、その旨）を証明する書面の交付を請求することができる（注3）。ただし、その遺言書の遺言者の生存中にあってはこの限りでない。

ア　自己を相続人とする被相続人の遺言書

イ　自己を受遺者又は遺言執行者とする遺言書

⑸ 何人も、⑷のア及びイの遺言書を保管している法務局に対し、その遺言書の閲覧を請求することができる。ただし、その遺言書の遺言者の生存中にあってはこの限りでない。

⑹ 何人も、法務局に対し、⑷のア及びイの遺言書に係る画像情報等を証明した書面の交付を請求することができる。ただし、その遺言書の遺言者の生存中にあってはこの限りでない。

⑺ 法務局は、⑸の閲覧をさせ又は⑹の書面を交付したときは、相続人等（⑸又は⑹の請求をした者を除く。）に対し、遺言書を保管している旨を通知しなければならない。

⑻ ⑴により保管されている遺言書については、民法第1004条第1項の規定は適用しない。

⑼ その他制度創設に当たり所要の規定の整備を行う。

（注1）遺言書の保管の申請がされた際には、法務局の事務官が、当該遺言の

民法第968条の定める方式への適合性を外形的に確認し、また、遺言書は画像情報化して保存され、全ての法務大臣の指定する法務局からアクセスできるようにする。

（注２）遺言書の保管の申請については、法務大臣の指定する法務局のうち、遺言者の住所地若しくは本籍地又は遺言者が所有する不動産の所在地を管轄する法務局に対してすることができるものとする。

（注３）遺言書の原本を必要としない(4)及び(6)の書面の交付の請求については、全ての法務大臣の指定する法務局に対してすることができるものとする。

3　遺贈の担保責任等

(1)　遺贈義務者の引渡義務等について、次のような規律を設けるものとする。

　ア　遺贈義務者は、遺贈の目的である物又は権利を、相続開始の時（その後に当該物又は権利について遺贈の目的として特定した場合にあっては、その特定した時）の状態で引き渡し、又は移転する義務を負う。ただし、遺言者がその遺言に別段の意思を表示したときは、その意思に従う。

　イ　民法第998条及び第1000条を削除する。

(2)　民法第1025条ただし書の「詐欺又は強迫」を「錯誤、詐欺又は強迫」に改めるものとする。

4　遺言執行者の権限の明確化等

(1)　遺言執行者の一般的な権限等

　ア　民法第1012条の規律を次のように改めるものとする。

　　遺言執行者は、遺言の内容を実現するため、相続財産の管理その他遺言の執行に必要な一切の行為をする権利義務を有する。

　イ　民法第1015条の規律を次のように改めるものとする。

　　遺言執行者がその権限内において遺言執行者であることを示してした行為は、相続人に対して直接にその効力を生ずる。

ウ　遺言執行者の通知について、次のような規律を設けるものとする。

　　遺言執行者は、その任務を開始したときは、遅滞なく、遺言の内容を相続人に通知しなければならない。

(2)　個別の類型における権限の内容

　　特定遺贈又は特定財産承継遺言（遺産の分割の方法の指定として遺産に属する特定の財産を共同相続人の一人又は数人に承継させることを定めたものをいう。以下同じ。）がされた場合における遺言執行者の権限等について、次のような規律を設けるものとする。

ア　特定遺贈がされた場合

　　特定遺贈がされた場合において、遺言執行者があるときは、遺贈の履行は、遺言執行者のみが行うことができる。

イ　特定財産承継遺言がされた場合

　(ｱ)　遺言者が特定財産承継遺言をした場合において、遺言執行者があるときは、遺言執行者は、その相続人が対抗要件を備えるために必要な行為をすることができる。

　(ｲ)　(ｱ)の財産が預貯金債権であるときは、遺言執行者は、(ｱ)に規定する行為のほか、当該預貯金の払戻しの請求及び当該預金又は貯金に係る契約の解約の申入れをする権限を有する。ただし、その解約の申入れについては、特定財産承継遺言の目的である財産がその預貯金債権の全部である場合に限る。

　(ｳ)　(ｱ)及び(ｲ)の規律にかかわらず、遺言者が遺言で別段の意思を表示したときは、その意思に従う。

(3)　遺言執行者の復任権

　　民法第1016条の規律を次のように改めるものとする。

ア　遺言執行者は、自己の責任で第三者にその任務を行わせることができる。ただし、遺言者がその遺言に別段の意思を表示したときは、その意思に従う。

111

イ　ア本文の場合において、第三者に任務を行わせることについて
やむを得ない事由があるときは、遺言執行者は、相続人に対して
その選任及び監督についての責任のみを負う。

第4　遺留分制度に関する見直し

1　遺留分減殺請求権の効力及び法的性質の見直し

(1)　遺留分侵害額請求権の行使

民法第1031条の規律を次のように改めるものとする。

遺留分権利者及びその承継人は、受遺者（特定財産承継遺言によ
り財産を承継し又は相続分の指定を受けた相続人を含む。以下第4
において同じ。）又は受贈者に対し、遺留分侵害額に相当する金銭
の支払を請求することができる（注1）（注2）。

（注1）遺留分侵害額請求権は、現行法の遺留分減殺請求権と同様に形成権で
あることを前提に、その権利の行使により遺留分侵害額に相当する金銭債権
が発生する。

（注2）遺留分侵害額請求権の行使により生ずる権利を金銭債権化することに
伴い、遺贈や贈与の「減殺」を前提とした規定を逐次改めるなどの整備が必
要となる。

(2)　受遺者又は受贈者の負担額

民法第1033条から第1035条までの規律を次のように改めるものと
する。

受遺者又は受贈者は、次のアからウまでの規律に従い、遺贈（特
定財産承継遺言による財産の承継又は相続分の指定による遺産の取
得を含む。以下第4において同じ。）又は贈与（遺留分を算定する
ための財産の価額に算入されるものに限る。以下第4において同
じ。）の目的の価額（受遺者又は受贈者が相続人である場合にあっ
ては、当該価額から遺留分として当該相続人が受けるべき額を控除
した額）を限度として、遺留分侵害額を負担する。

ア　受遺者と受贈者とがあるときは、受遺者が先に負担する。

イ 受遺者が複数あるとき、又は受贈者が複数ある場合においてその贈与が同時にされたものであるときは、受遺者又は受贈者がその目的の価額の割合に応じて負担する。ただし、遺言者がその遺言に別段の意思を表示したときは、その意思に従う。

ウ 受贈者が複数あるとき（イに規定する場合を除く。）は、後の贈与に係る受贈者から順次前の贈与に係る受贈者が負担する。

(3) 受遺者又は受贈者の請求による金銭債務の支払に係る期限の許与
　裁判所は、受遺者又は受贈者の請求により、(2)の規定により負担する債務の全部又は一部の支払につき、相当の期限を許与することができる。

2 遺留分の算定方法の見直し

(1) 遺留分を算定するための財産の価額に関する規律

ア 相続人に対する生前贈与の範囲に関する規律

民法第1030条に次の規律を付け加えるものとする（注1）（注2）。

相続人に対する贈与は、相続開始前の10年間にされたものに限り、その価額を、遺留分を算定するための財産の価額に算入する（注3）。

（注1）相続人以外の者に対する贈与は、相続開始前の1年間にされたものに限り、また、相続人に対する贈与については、相続開始前の10年間にされたものに限り、原則として算入する。

（注2）民法第1030条後段の規律は維持する（同条後段の要件を満たす場合には、相続人以外の者に対する贈与については相続開始1年前の日より前にされたものも含め、相続人に対する贈与については相続開始10年前の日より前にされたものも含める。）。

（注3）相続人に対する贈与については、民法第903条第1項に規定する贈与（特別受益に該当する贈与）に限る。

イ 負担付贈与に関する規律

民法第1038条の規律を次のように改めるものとする。

　　負担付贈与がされた場合における遺留分を算定するための財産の価額に算入する贈与した財産の価額は、その目的の価額から負担の価額を控除した額とする。

　ウ　不相当な対価による有償行為に関する規律

　　民法第1039条の規律を次のように改めるものとする。

　　不相当な対価をもってした有償行為は、当事者双方が遺留分権利者に損害を与えることを知ってしたものに限り、当該対価を負担の価額とする負担付贈与とみなす（注）。

　（注）民法第1039条後段の規律は削除する。

　　　　なお、イ及びウの規律は、1・(2)の受遺者又は受贈者の負担額を算定する場合にも準用する。

(2)　遺産分割の対象となる財産がある場合に関する規律

　　次のとおり、遺産分割の対象となる財産がある場合に関する規律を設けるものとする。

　　遺産分割の対象財産がある場合（既に遺産分割が終了している場合も含む。）には、遺留分侵害額の算定をするに当たり、遺留分から第900条から第904条までの規定により算定した相続分に応じて遺留分権利者が取得すべき遺産の価額を控除する（注）。

　（注）なお、この規律を明文化するに当たり、遺留分侵害額を求める以下の計算方法についても明文化する。

　（計算式）

　遺留分＝（遺留分を算定するための財産の価額）×（民法第1028条各号に掲げる遺留分率））×（遺留分権利者の法定相続分）

　遺留分侵害額＝（遺留分）−（遺留分権利者が受けた特別受益）−（遺産分割の対象財産がある場合（既に遺産分割が終了している場合も含む。）には具体的相続分に応じて取得すべき遺産の価額（ただし、寄与分による修正は考慮しない。））＋（第899条の規定により遺留分権利者が承継する相続債務の額）

3 遺留分侵害額の算定における債務の取扱いに関する見直し

次のとおり、遺留分侵害額の算定における債務の取扱いに関する規律を設けるものとする。

1・(1)の請求を受けた受遺者又は受贈者は、遺留分権利者が承継する相続債務について免責的債務引受、弁済その他の債務を消滅させる行為をしたときは、消滅した債務の額の限度において、遺留分権利者に対する意思表示によって1・(2)の規律により負担する債務を消滅させることができる。この場合において、当該行為によって遺留分権利者に対して取得した求償権は、消滅した当該債務の額の限度において消滅する。

第5 相続の効力等（権利及び義務の承継等）に関する見直し

1 相続による権利の承継に関する規律

相続による権利の承継について、次のような規律を設けるものとする。

(1) 相続による権利の承継は、遺産の分割によるものかどうかにかかわらず、法定相続分を超える部分については、登記、登録その他の対抗要件を備えなければ、第三者に対抗することができない。

(2) (1)の権利が債権である場合において、法定相続分を超えてその債権を承継した相続人が、遺言の内容（遺産の分割により当該債権を承継した場合にあっては、遺産の分割の内容）を明らかにして債務者にその承継の通知をしたとき（注）は、共同相続人の全員が債務者に通知をしたものとみなして、(1)の規律を適用する。

　　　（注）遺言執行者は、遺言の執行として通知することができる。

2 義務の承継に関する規律

相続による義務の承継について、次のような規律を設けるものとする。

相続債権者は、民法第902条の規定による相続分の指定がされた場合であっても、各共同相続人に対し、その法定相続分に応じてその権利を行使することができる。ただし、その相続債権者が共同相続人の一人に対して指定相続分に応じて義務の承継を承認したときは、この限りでない。

3　遺言執行者がある場合における相続人の行為の効果等

　民法第1013条の規律に次の規律を付け加えるものとする。

(1)　遺言執行者がある場合には、相続財産の処分その他相続人がした遺言の執行を妨げる行為は無効とする。ただし、これをもって善意の第三者に対抗することができない。

(2)　(1)の規律は、相続人の債権者（相続債権者を含む。）が相続財産についてその権利を行使することを妨げない。

第6　相続人以外の者の貢献を考慮するための方策

　相続人以外の者が被相続人の財産の維持又は増加に一定の貢献をした場合について、次のような規律を設けるものとする。

1　被相続人に対して無償で療養看護その他の労務の提供をしたことにより被相続人の財産の維持又は増加について特別の寄与をした被相続人の親族（相続人、相続の放棄をした者、相続人の欠格事由に該当する者及び廃除された者を除く。以下「特別寄与者」という。）は、相続の開始後、相続人に対し、特別寄与者の寄与に応じた額の金銭（以下「特別寄与料」という。）の支払を請求することができる。

2　1による特別寄与料の支払について、当事者間に協議が調わないとき、又は協議をすることができないときは、特別寄与者は、家庭裁判所に対して協議に代わる処分を請求することができる（注）。ただし、特別寄与者が相続の開始及び相続人を知った時から6か月

を経過したとき、又は相続開始の時から1年を経過したときは、この限りではない。

3　2本文の場合には、家庭裁判所は、寄与の時期、方法及び程度、相続財産の額その他一切の事情を考慮して、特別寄与料の額を定める。

4　特別寄与料の額は、被相続人が相続開始の時において有した財産の価額から遺贈の価額を控除した残額を超えることができない。

5　相続人が数人ある場合には、各相続人は、特別寄与料の額に当該相続人の相続分を乗じた額を負担する。

(注)　2の請求に関する手続を整備するに当たっては、家事事件手続法に、管轄、給付命令、即時抗告及び保全処分に関する規律を設ける。

資料6　民法改正の新旧対照条文

（下線部分は改正部分）

一　民法（明治29年法律第89号）（第1条関係）

改　正　後	改　正　前
目次 　第五編　（略） 　　第三章　（略） 　　　第一節　総則（第896条―<u>第899条の2</u>） 　　　第七章　（略） 　　　　第五節　遺言の撤回及び取消し（第1022条―<u>第1041条</u>） 　　　<u>第八章　遺留分（第1042条―第1049条）</u> 　　　<u>第九章　特別の寄与（第1050条）</u> 　　　　第一節　（略） （相続財産に関する費用） 第885条　（略） （削る） 第899条　（略） <u>（共同相続における権利の承継の対抗要件）</u> <u>第899条の2　相続による権利の承継は、遺産の分割によるものかどうかにかかわらず、次条及び第901条の規定により算定した相続分を超える部分については、登記、登録その他の対抗要件を備えなければ、第三者に対抗することができない。</u> <u>2　前項の権利が債権である場合において、次条及び第901条の規定により算定した相続分を超えて当該債権を承継した共同相続人が当該債権に係る遺言の内容（遺産の分割により当該債権を承継した場合にあっては、当該債権に係る遺産の</u>	目次 　第五編　（同左） 　　第三章　（同左） 　　　第一節　総則（第896条―<u>第899条</u>） 　　　第七章　（同左） 　　　　第五節　遺言の撤回及び取消し（第1022条―<u>第1027条</u>） 　　　<u>第八章　遺留分（第1028条―第1044条）</u> 　　　（新設） 　　　　第一節　（同左） （相続財産に関する費用） 第885条　（同上） <u>2　前項の費用は、遺留分権利者が贈与の減殺によって得た財産をもって支弁することを要しない。</u> 第899条　（同左） （新設）

118

分割の内容）を明らかにして債務者にその承継の通知をしたときは、共同相続人の全員が債務者に通知をしたものとみなして、同項の規定を適用する。	
（遺言による相続分の指定）	（遺言による相続分の指定）
第902条　被相続人は、前2条の規定にかかわらず、遺言で、共同相続人の相続分を定め、又はこれを定めることを第三者に委託することができる。	第902条　被相続人は、前2条の規定にかかわらず、遺言で、共同相続人の相続分を定め、又はこれを定めることを第三者に委託することができる。ただし、被相続人又は第三者は、遺留分に関する規定に違反することができない。
2　（略）	2　（同左）
（相続分の指定がある場合の債権者の権利の行使） 第902条の2　被相続人が相続開始の時において有した債務の債権者は、前条の規定による相続分の指定がされた場合であっても、各共同相続人に対し、第900条及び第901条の規定により算定した相続分に応じてその権利を行使することができる。ただし、その債権者が共同相続人の1人に対してその指定された相続分に応じた債務の承継を承認したときは、この限りでない。	（新設）
（特別受益者の相続分）	（特別受益者の相続分）
第903条　共同相続人中に、被相続人から、遺贈を受け、又は婚姻若しくは養子縁組のため若しくは生計の資本として贈与を受けた者があるときは、被相続人が相続開始の時において有した財産の価額にその贈与の価額を加えたものを相続財産とみなし、第900条から第902条までの規定により算定した相続分の中からその遺贈又は贈与の価額を控除した残額をもってその者の相続分とする。	第903条　共同相続人中に、被相続人から、遺贈を受け、又は婚姻若しくは養子縁組のため若しくは生計の資本として贈与を受けた者があるときは、被相続人が相続開始の時において有した財産の価額にその贈与の価額を加えたものを相続財産とみなし、前3条の規定により算定した相続分の中からその遺贈又は贈与の価額を控除した残額をもってその者の相続分とする。
2　（略）	2　（同左）

資料

資料6　民法改正の新旧対照条文

3　被相続人が前2項の規定と異なった意思を表示したときは、その意思に従う。	3　被相続人が前2項の規定と異なった意思を表示したときは、その意思表示は、遺留分に関する規定に違反しない範囲で、その効力を有する。
4　婚姻期間が20年以上の夫婦の一方である被相続人が、他の一方に対し、その居住の用に供する建物又はその敷地について遺贈又は贈与をしたときは、当該被相続人は、その遺贈又は贈与について第1項の規定を適用しない旨の意思を表示したものと推定する。	（新設）
（遺産の分割の基準） 第906条　（略）	（遺産の分割の基準） 第906条　（同左）
（遺産の分割前に遺産に属する財産が処分された場合の遺産の範囲） 第906条の2　遺産の分割前に遺産に属する財産が処分された場合であっても、共同相続人は、その全員の同意により、当該処分された財産が遺産の分割時に遺産として存在するものとみなすことができる。 2　前項の規定にかかわらず、共同相続人の1人又は数人により同項の財産が処分されたときは、当該共同相続人については、同項の同意を得ることを要しない。	（新設）
（遺産の分割の協議又は審判等） 第907条　共同相続人は、次条の規定により被相続人が遺言で禁じた場合を除き、いつでも、その協議で、遺産の全部又は一部の分割をすることができる。 2　遺産の分割について、共同相続人間に協議が調わないとき、又は協議をすることができないときは、各共同相続人は、その全部又は一部の分割を家庭裁判所に請求することができる。ただし、遺産の一部を分割することにより他の共同相続	（遺産の分割の協議又は審判等） 第907条　共同相続人は、次条の規定により被相続人が遺言で禁じた場合を除き、いつでも、その協議で、遺産の分割をすることができる。 2　遺産の分割について、共同相続人間に協議が調わないとき、又は協議をすることができないときは、各共同相続人は、その分割を家庭裁判所に請求することができる。

人の利益を害するおそれがある場合にお
けるその一部の分割については、この限
りでない。
3　前項本文の場合において特別の事由が
あるときは、家庭裁判所は、期間を定め
て、遺産の全部又は一部について、その
分割を禁ずることができる。

第909条　（略）

（遺産の分割前における預貯金債権の行使）
第909条の2　各共同相続人は、遺産に属
する預貯金債権のうち相続開始の時の債
権額の3分の1に第900条及び第901条の
規定により算定した当該共同相続人の相
続分を乗じた額（標準的な当面の必要生
計費、平均的な葬式の費用の額その他の
事情を勘案して預貯金債権の債務者ごと
に法務省令で定める額を限度とする。）
については、単独でその権利を行使する
ことができる。この場合において、当該
権利の行使をした預貯金債権について
は、当該共同相続人が遺産の一部の分割
によりこれを取得したものとみなす。

（包括遺贈及び特定遺贈）
第964条　遺言者は、包括又は特定の名義
で、その財産の全部又は一部を処分する
ことができる。

（自筆証書遺言）
第968条　自筆証書によって遺言をするに
は、遺言者が、その全文、日付及び氏名
を自書し、これに印を押さなければなら
ない。
2　前項の規定にかかわらず、自筆証書に
これと一体のものとして相続財産（第
997条第1項に規定する場合における同

3　前項の場合において特別の事由がある
ときは、家庭裁判所は、期間を定めて、
遺産の全部又は一部について、その分割
を禁ずることができる。

第909条　（同左）

（新設）

（包括遺贈及び特定遺贈）
第964条　遺言者は、包括又は特定の名義
で、その財産の全部又は一部を処分する
ことができる。ただし、遺留分に関する
規定に違反することができない。

（自筆証書遺言）
第968条　（同左）

（新設）

資料

資料6　民法改正の新旧対照条文

121

項に規定する権利を含む。）の全部又は
一部の目録を添付する場合には、その目
録については、自書することを要しな
い。この場合において、遺言者は、その
目録の毎葉（自書によらない記載がその
両面にある場合にあっては、その両面）
に署名し、印を押さなければならない。
3　自筆証書（前項の目録を含む。）中の
加除その他の変更は、遺言者が、その場
所を指示し、これを変更した旨を付記し
て特にこれに署名し、かつ、その変更の
場所に印を押さなければ、その効力を生
じない。

（秘密証書遺言）
第970条　（略）
2　第968条第3項の規定は、秘密証書に
よる遺言について準用する。

（普通の方式による遺言の規定の準用）
第982条　第968条第3項及び第973条から
第975条までの規定は、第976条から前条
までの規定による遺言について準用する。

（遺贈義務者の引渡義務）
第998条　遺贈義務者は、遺贈の目的であ
る物又は権利を、相続開始の時（その後
に当該物又は権利について遺贈の目的と
して特定した場合にあっては、その特定
した時）の状態で引き渡し、又は移転す
る義務を負う。ただし、遺言者がその遺
言に別段の意思を表示したときは、その
意思に従う。

第1000条　削除

2　自筆証書中の加除その他の変更は、遺
言者が、その場所を指示し、これを変更
した旨を付記して特にこれに署名し、か
つ、その変更の場所に印を押さなけれ
ば、その効力を生じない。

（秘密証書遺言）
第970条　（同左）
2　第968条第2項の規定は、秘密証書に
よる遺言について準用する。

（普通の方式による遺言の規定の準用）
第982条　第968条第2項及び第973条から
第975条までの規定は、第976条から前条
までの規定による遺言について準用する。

（不特定物の遺贈義務者の担保責任）
第998条　不特定物を遺贈の目的とした場
合において、受遺者がこれにつき第三者
から追奪を受けたときは、遺贈義務者
は、これに対して、売主と同じく、担保
の責任を負う。
2　不特定物を遺贈の目的とした場合にお
いて、物に瑕疵があったときは、遺贈義
務者は、瑕疵のない物をもってこれに代
えなければならない。

（第三者の権利の目的である財産の遺贈）
第1000条　遺贈の目的である物又は権利が
遺言者の死亡の時において第三者の権利
の目的であるときは、受遺者は、遺贈義

	務者に対しその権利を消滅させるべき旨を請求することができない。ただし、遺言者がその遺言に反対の意思を表示したときは、この限りでない。
（遺言執行者の任務の開始） 第1007条　（略） <u>２　遺言執行者は、その任務を開始したときは、遅滞なく、遺言の内容を相続人に通知しなければならない。</u>	（遺言執行者の任務の開始） 第1007条　（同左） （新設）
（遺言執行者の権利義務） 第1012条　遺言執行者は、<u>遺言の内容を実現するため、</u>相続財産の管理その他遺言の執行に必要な一切の行為をする権利義務を有する。 <u>２　遺言執行者がある場合には、遺贈の履行は、遺言執行者のみが行うことができる。</u> ３　（略）	（遺言執行者の権利義務） 第1012条　遺言執行者は、相続財産の管理その他遺言の執行に必要な一切の行為をする権利義務を有する。 （新設） ２　（同左）
（遺言の執行の妨害行為の禁止） 第1013条　（略） <u>２　前項の規定に違反してした行為は、無効とする。ただし、これをもって善意の第三者に対抗することができない。</u> <u>３　前２項の規定は、相続人の債権者（相続債権者を含む。）が相続財産についてその権利を行使することを妨げない。</u>	（遺言の執行の妨害行為の禁止） 第1013条　（同左） （新設） （新設）
（特定財産に関する遺言の執行） 第1014条　（略） <u>２　遺産の分割の方法の指定として遺産に属する特定の財産を共同相続人の１人又は数人に承継させる旨の遺言（以下「特定財産承継遺言」という。）があったときは、遺言執行者は、当該共同相続人が第899条の２第１項に規定する対抗要件を備えるために必要な行為をすることが</u>	（特定財産に関する遺言の執行） 第1014条　（同左） （新設）

資料

資料6　民法改正の新旧対照条文

123

できる。	
3 前項の財産が預貯金債権である場合には、遺言執行者は、同項に規定する行為のほか、その預金又は貯金の払戻しの請求及びその預金又は貯金に係る契約の解約の申入れをすることができる。ただし、解約の申入れについては、その預貯金債権の全部が特定財産承継遺言の目的である場合に限る。	（新設）
4 前2項の規定にかかわらず、被相続人が遺言で別段の意思を表示したときは、その意思に従う。	（新設）
（遺言執行者の行為の効果） 第1015条 遺言執行者がその権限内において遺言執行者であることを示してした行為は、相続人に対して直接にその効力を生ずる。	（遺言執行者の地位） 第1015条 遺言執行者は、相続人の代理人とみなす。
（遺言執行者の復任権） 第1016条 遺言執行者は、自己の責任で第三者にその任務を行わせることができる。ただし、遺言者がその遺言に別段の意思を表示したときは、その意思に従う。 2 前項本文の場合において、第三者に任務を行わせることについてやむを得ない事由があるときは、遺言執行者は、相続人に対してその選任及び監督についての責任のみを負う。	（遺言執行者の復任権） 第1016条 遺言執行者は、やむを得ない事由がなければ、第三者にその任務を行わせることができない。ただし、遺言者がその遺言に反対の意思を表示したときは、この限りでない。 2 遺言執行者が前項ただし書の規定により第三者にその任務を行わせる場合には、相続人に対して、第105条に規定する責任を負う。
第五節 （略） （撤回された遺言の効力） 第1025条 前3条の規定により撤回された遺言は、その撤回の行為が、撤回され、取り消され、又は効力を生じなくなるに至ったときであっても、その効力を回復しない。ただし、その行為が錯誤、詐欺又は強迫による場合は、この限りでない。	第五節 （同左） （撤回された遺言の効力） 第1025条 前3条の規定により撤回された遺言は、その撤回の行為が、撤回され、取り消され、又は効力を生じなくなるに至ったときであっても、その効力を回復しない。ただし、その行為が詐欺又は強迫による場合は、この限りでない。

第1027条　（略）	第1027条　（同左）
第1028条から第1041条まで　削除	（新設）
第八章　（略） （遺留分の帰属及びその割合） 第1042条　兄弟姉妹以外の相続人は、遺留分として、次条第１項に規定する遺留分を算定するための財産の価額に、次の各号に掲げる区分に応じてそれぞれ当該各号に定める割合を乗じた額を受ける。 　一　直系尊属のみが相続人である場合　３分の１ 　二　前号に掲げる場合以外の場合　２分の１ ２　相続人が数人ある場合には、前項各号に定める割合は、これらに第900条及び第901条の規定により算定したその各自の相続分を乗じた割合とする。	第八章　（同左） （遺留分の帰属及びその割合） 第1028条　兄弟姉妹以外の相続人は、遺留分として、次の各号に掲げる区分に応じてそれぞれ当該各号に定める割合に相当する額を受ける。 　一　直系尊属のみが相続人である場合　被相続人の財産の３分の１ 　二　前号に掲げる場合以外の場合　被相続人の財産の２分の１ （新設）
（遺留分を算定するための財産の価額） 第1043条　遺留分を算定するための財産の価額は、被相続人が相続開始の時において有した財産の価額にその贈与した財産の価額を加えた額から債務の全額を控除した額とする。 ２　（略）	（遺留分の算定） 第1029条　遺留分は、被相続人が相続開始の時において有した財産の価額にその贈与した財産の価額を加えた額から債務の全額を控除して、これを算定する。 ２　（同左）
第1044条　贈与は、相続開始前の１年間にしたものに限り、前条の規定によりその価額を算入する。当事者双方が遺留分権利者に損害を加えることを知って贈与をしたときは、１年前の日より前にしたものについても、同様とする。 ２　第904条の規定は、前項に規定する贈与の価額について準用する。 ３　相続人に対する贈与についての第１項の規定の適用については、同項中「１年」とあるのは「10年」と、「価額」と	第1030条　贈与は、相続開始前の１年間にしたものに限り、前条の規定によりその価額を算入する。当事者双方が遺留分権利者に損害を加えることを知って贈与をしたときは、１年前の日より前にしたものについても、同様とする。 （新設） （新設）

あるのは「価額（婚姻若しくは養子縁組のため又は生計の資本として受けた贈与の価額に限る。）」とする。	
（削る）	（遺贈又は贈与の減殺請求） 第1031条　遺留分権利者及びその承継人は、遺留分を保全するのに必要な限度で、遺贈及び前条に規定する贈与の減殺を請求することができる。
（削る）	（条件付権利等の贈与又は遺贈の一部の減殺） 第1032条　条件付きの権利又は存続期間の不確定な権利を贈与又は遺贈の目的とした場合において、その贈与又は遺贈の一部を減殺すべきときは、遺留分権利者は、第1029条第2項の規定により定めた価格に従い、直ちにその残部の価額を受贈者又は受遺者に給付しなければならない。
（削る）	（贈与と遺贈の減殺の順序） 第1033条　贈与は、遺贈を減殺した後でなければ、減殺することができない。
（削る）	（遺贈の減殺の割合） 第1034条　遺贈は、その目的の価額の割合に応じて減殺する。ただし、遺言者がその遺言に別段の意思を表示したときは、その意思に従う。
（削る）	（贈与の減殺の順序） 第1035条　贈与の減殺は、後の贈与から順次前の贈与に対してする。
（削る）	（受贈者による果実の返還） 第1036条　受贈者は、その返還すべき財産のほか、減殺の請求があった日以後の果実を返還しなければならない。

（削る）	（受贈者の無資力による損失の負担） 第1037条　減殺を受けるべき受贈者の無資力によって生じた損失は、遺留分権利者の負担に帰する。
（削る）	（負担付贈与の減殺請求） 第1038条　負担付贈与は、その目的の価額から負担の価額を控除したものについて、その減殺を請求することができる。
第1045条　負担付贈与がされた場合における第1043条第１項に規定する贈与した財産の価額は、その目的の価額から負担の価額を控除した額とする。 ２　不相当な対価をもってした有償行為は、当事者双方が遺留分権利者に損害を与えることを知ってしたものに限り、当該対価を負担の価額とする負担付贈与とみなす。	（不相当な対価による有償行為） 第1039条　（新設） 不相当な対価をもってした有償行為は、当事者双方が遺留分権利者に損害を与えることを知ってしたものに限り、これを贈与とみなす。この場合において、遺留分権利者がその減殺を請求するときは、その対価を償還しなければならない。
（遺留分侵害額の請求） 第1046条　遺留分権利者及びその承継人は、受遺者（特定財産承継遺言により財産を承継し又は相続分の指定を受けた相続人を含む。以下この章において同じ。）又は受贈者に対し、遺留分侵害額に相当する金銭の支払を請求することができる。 ２　遺留分侵害額は、第1042条の規定による遺留分から第１号及び第２号に掲げる額を控除し、これに第３号に掲げる額を加算して算定する。 　一　遺留分権利者が受けた遺贈又は第903条第１項に規定する贈与の価額 　二　第900条から第902条まで、第903条及び第904条の規定により算定した相続分に応じて遺留分権利者が取得すべ	（新設）

き遺産の価額

三 被相続人が相続開始の時において有
した債務のうち、第899条の規定によ
り遺留分権利者が承継する債務（次条
第3項において「遺留分権利者承継債
務」という。）の額

（受遺者又は受贈者の負担額）

第1047条 受遺者又は受贈者は、次の各号 （新設）
の定めるところに従い、遺贈（特定財産
承継遺言による財産の承継又は相続分の
指定による遺産の取得を含む。以下この
章において同じ。）又は贈与（遺留分を
算定するための財産の価額に算入される
ものに限る。以下この章において同じ。）
の目的の価額（受遺者又は受贈者が相続
人である場合にあっては、当該価額から
第1042条の規定による遺留分として当該
相続人が受けるべき額を控除した額）を
限度として、遺留分侵害額を負担する。

一 受遺者と受贈者とがあるときは、受
遺者が先に負担する。

二 受遺者が複数あるとき、又は受贈者
が複数ある場合においてその贈与が同
時にされたものであるときは、受遺者
又は受贈者がその目的の価額の割合に
応じて負担する。ただし、遺言者がそ
の遺言に別段の意思を表示したとき
は、その意思に従う。

三 受遺者が複数あるとき（前号に規定
する場合を除く。）は、後の贈与に係
る受贈者から順次前の贈与に係る受贈
者が負担する。

2 第904条、第1043条第2項及び第1045
条の規定は、前項に規定する遺贈又は贈
与の目的の価額について準用する。

3 前条第1項の請求を受けた受遺者又は
受贈者は、遺留分権利者承継債務につい
て弁済その他の債務を消滅させる行為を

128

したときは、消滅した債務の額の限度において、遺留分権利者に対する意思表示によって第1項の規定により負担する債務を消滅させることができる。この場合において、当該行為によって遺留分権利者に対して取得した求償権は、消滅した当該債務の額の限度において消滅する。

4　受遺者又は受贈者の無資力によって生じた損失は、遺留分権利者の負担に帰する。

5　裁判所は、受遺者又は受贈者の請求により、第1項の規定により負担する債務の全部又は一部の支払につき相当の期限を許与することができる。

（削る）

（受贈者が贈与の目的を譲渡した場合等）
第1040条　減殺を受けるべき受贈者が贈与の目的を他人に譲り渡したときは、遺留分権利者にその価額を弁償しなければならない。ただし、譲受人が譲渡の時において遺留分権利者に損害を加えることを知っていたときは、遺留分権利者は、これに対しても減殺を請求することができる。

2　前項の規定は、受贈者が贈与の目的につき権利を設定した場合について準用する。

（削る）

（遺留分権利者に対する価額の弁償）
第1041条　受贈者及び受遺者は、減殺を受けるべき限度において、贈与又は遺贈の目的の価額を遺留分権利者に弁償して返還の義務を免れることができる。

2　前項の規定は、前条第1項ただし書の場合について準用する。

（遺留分侵害額請求権の期間の制限）
第1048条　遺留分侵害額の請求権は、遺留分権利者が、相続の開始及び遺留分を侵

（減殺請求権の期間の制限）
第1042条　減殺の請求権は、遺留分権利者が、相続の開始及び減殺すべき贈与又は

害する贈与又は遺贈があったことを知っ
た時から1年間行使しないときは、時効
によって消滅する。相続開始の時から10
年を経過したときも、同様とする。

（遺留分の放棄）
第1049条　（略）

（削る）

　　　第九章　特別の寄与
第1050条　被相続人に対して無償で療養看
護その他の労務の提供をしたことにより
被相続人の財産の維持又は増加について
特別の寄与をした被相続人の親族（相続
人、相続の放棄をした者及び第891条の
規定に該当し又は廃除によってその相続
権を失った者を除く。以下この条におい
て「特別寄与者」という。）は、相続の
開始後、相続人に対し、特別寄与者の寄
与に応じた額の金銭（以下この条におい
て「特別寄与料」という。）の支払を請
求することができる。
2　前項の規定による特別寄与料の支払に
ついて、当事者間に協議が調わないと
き、又は協議をすることができないとき
は、特別寄与者は、家庭裁判所に対して
協議に代わる処分を請求することができ
る。ただし、特別寄与者が相続の開始及
び相続人を知った時から6箇月を経過し
たとき、又は相続開始の時から1年を経
過したときは、この限りでない。
3　前項本文の場合には、家庭裁判所は、
寄与の時期、方法及び程度、相続財産の
額その他一切の事情を考慮して、特別寄
与料の額を定める。

遺贈があったことを知った時から1年間
行使しないときは、時効によって消滅す
る。相続開始の時から10年を経過したと
きも、同様とする。

（遺留分の放棄）
第1043条　（同左）

（代襲相続及び相続分の規定の準用）
第1044条　第887条第2項及び第3項、第
900条、第901条、第903条並びに第904条
の規定は、遺留分について準用する。

　　　（新設）

改　正　後	改　正　前

　4　特別寄与料の額は、被相続人が相続開
　始の時において有した財産の価額から遺
　贈の価額を控除した残額を超えることが
　できない。
　5　相続人が数人ある場合には、各相続人
　は、特別寄与料の額に第900条から第902
　条までの規定により算定した当該相続人
　の相続分を乗じた額を負担する。

二　民法（第2条関係）

改　正　後	改　正　前
目次	目次
第五編　（略）	第五編　（同左）
第七章　（略）	第七章　（同左）
第五節　遺言の撤回及び取消し（第 　　　　　　　1022条―第1027条）	第五節　遺言の撤回及び取消し（第 　　　　　　　1022条―第1041条）
第八章　配偶者の居住の権利	（新設）
第一節　配偶者居住権（第1028条― 　　　　　　　第1036条）	
第二節　配偶者短期居住権（第1037 　　　　　　　条―第1041条）	
第九章　遺留分（第1042条―第1049条）	第八章　遺留分（第1042条―第1049条）
第十章　特別の寄与（第1050条）	第九章　特別の寄与（第1050条）
第七章　（略）	第七章　（同上）
（削る）	第1028条から第1041条まで　削除
第八章　配偶者の居住の権利	（新設）
第一節　配偶者居住権	
（配偶者居住権）	
第1028条　被相続人の配偶者（以下この章 において単に「配偶者」という。）は、 被相続人の財産に属した建物に相続開始 の時に居住していた場合において、次の 各号のいずれかに該当するときは、その 居住していた建物（以下この節において	

131

「居住建物」という。）の全部について無償で使用及び収益をする権利（以下この章において「配偶者居住権」という。）を取得する。ただし、被相続人が相続開始の時に居住建物を配偶者以外の者と共有していた場合にあっては、この限りでない。

一　遺産の分割によって配偶者居住権を取得するものとされたとき。

二　配偶者居住権が遺贈の目的とされたとき。

2　居住建物が配偶者の財産に属することとなった場合であっても、他の者がその共有持分を有するときは、配偶者居住権は、消滅しない。

3　第903条第4項の規定は、配偶者居住権の遺贈について準用する。

（審判による配偶者居住権の取得）

第1029条　遺産の分割の請求を受けた家庭裁判所は、次に掲げる場合に限り、配偶者が配偶者居住権を取得する旨を定めることができる。

一　共同相続人間に配偶者が配偶者居住権を取得することについて合意が成立しているとき。

二　配偶者が家庭裁判所に対して配偶者居住権の取得を希望する旨を申し出た場合において、居住建物の所有者の受ける不利益の程度を考慮してもなお配偶者の生活を維持するために特に必要があると認めるとき（前号に掲げる場合を除く。）。

（配偶者居住権の存続期間）

第1030条　配偶者居住権の存続期間は、配偶者の終身の間とする。ただし、遺産の分割の協議若しくは遺言に別段の定めがあるとき、又は家庭裁判所が遺産の分割

の審判において別段の定めをしたとき
は、その定めるところによる。

（配偶者居住権の登記等）
第1031条　居住建物の所有者は、配偶者
　（配偶者居住権を取得した配偶者に限
　る。以下この節において同じ。）に対
　し、配偶者居住権の設定の登記を備えさ
　せる義務を負う。
2　第605条の規定は配偶者居住権につい
　て、第605条の４の規定は配偶者居住権
　の設定の登記を備えた場合について準用
　する。

（配偶者による使用及び収益）
第1032条　配偶者は、従前の用法に従い、
　善良な管理者の注意をもって、居住建物
　の使用及び収益をしなければならない。
　ただし、従前居住の用に供していなかっ
　た部分について、これを居住の用に供す
　ることを妨げない。
2　配偶者居住権は、譲渡することができ
　ない。
3　配偶者は、居住建物の所有者の承諾を
　得なければ、居住建物の改築若しくは増
　築をし、又は第三者に居住建物の使用若
　しくは収益をさせることができない。
4　配偶者が第１項又は前項の規定に違反
　した場合において、居住建物の所有者が
　相当の期間を定めてその是正の催告を
　し、その期間内に是正がされないとき
　は、居住建物の所有者は、当該配偶者に
　対する意思表示によって配偶者居住権を
　消滅させることができる。

（居住建物の修繕等）
第1033条　配偶者は、居住建物の使用及び
　収益に必要な修繕をすることができる。
2　居住建物の修繕が必要である場合にお

資料

資料6　民法改正の新旧対照条文

133

いて、配偶者が相当の期間内に必要な修
繕をしないときは、居住建物の所有者
は、その修繕をすることができる。
3　居住建物が修繕を要するとき（第1項
の規定により配偶者が自らその修繕をす
るときを除く。）、又は居住建物について
権利を主張する者があるときは、配偶者
は、居住建物の所有者に対し、遅滞なく
その旨を通知しなければならない。ただ
し、居住建物の所有者が既にこれを知っ
ているときは、この限りでない。

（居住建物の費用の負担）
第1034条　配偶者は、居住建物の通常の必
要費を負担する。
2　第583条第2項の規定は、前項の通常
の必要費以外の費用について準用する。

（居住建物の返還等）
第1035条　配偶者は、配偶者居住権が消滅
したときは、居住建物の返還をしなけれ
ばならない。ただし、配偶者が居住建物
について共有持分を有する場合は、居住
建物の所有者は、配偶者居住権が消滅し
たことを理由としては、居住建物の返還
を求めることができない。
2　第599条第1項及び第2項並びに第621
条の規定は、前項本文の規定により配偶
者が相続の開始後に附属させた物がある
居住建物又は相続の開始後に生じた損傷
がある居住建物の返還をする場合につい
て準用する。

（使用貸借及び賃貸借の規定の準用）
第1036条　第597条第1項及び第3項、第
600条、第613条並びに第616条の2の規
定は、配偶者居住権について準用する。

第二節　配偶者短期居住権

134

（配偶者短期居住権）

第1037条　配偶者は、被相続人の財産に属した建物に相続開始の時に無償で居住していた場合には、次の各号に掲げる区分に応じてそれぞれ当該各号に定める日までの間、その居住していた建物（以下この節において「居住建物」という。）の所有権を相続又は遺贈により取得した者（以下この節において「居住建物取得者」という。）に対し、居住建物について無償で使用する権利（居住建物の一部のみを無償で使用していた場合にあっては、その部分について無償で使用する権利。以下この節において「配偶者短期居住権」という。）を有する。ただし、配偶者が相続開始の時において居住建物に係る配偶者居住権を取得したとき、又は第891条の規定に該当し若しくは廃除によってその相続権を失ったときは、この限りでない。

一　居住建物について配偶者を含む共同相続人間で遺産の分割をすべき場合　遺産の分割により居住建物の帰属が確定した日又は相続開始の時から6箇月を経過する日のいずれか遅い日

二　前号に掲げる場合以外の場合　第3項の申入れの日から6箇月を経過する日

2　前項本文の場合においては、居住建物取得者は、第三者に対する居住建物の譲渡その他の方法により配偶者の居住建物の使用を妨げてはならない。

3　居住建物取得者は、第1項第1号に掲げる場合を除くほか、いつでも配偶者短期居住権の消滅の申入れをすることができる。

（配偶者による使用）

第1038条　配偶者（配偶者短期居住権を有

する配偶者に限る。以下この節において
同じ。）は、従前の用法に従い、善良な
管理者の注意をもって、居住建物の使用
をしなければならない。

2　配偶者は、居住建物取得者の承諾を得
なければ、第三者に居住建物の使用をさ
せることができない。

3　配偶者が前2項の規定に違反したとき
は、居住建物取得者は、当該配偶者に対
する意思表示によって配偶者短期居住権
を消滅させることができる。

（配偶者居住権の取得による配偶者短期
居住権の消滅）

第1039条　配偶者が居住建物に係る配偶者
居住権を取得したときは、配偶者短期居
住権は、消滅する。

（居住建物の返還等）

第1040条　配偶者は、前条に規定する場合
を除き、配偶者短期居住権が消滅したと
きは、居住建物の返還をしなければなら
ない。ただし、配偶者が居住建物につい
て共有持分を有する場合は、居住建物取
得者は、配偶者短期居住権が消滅したこ
とを理由としては、居住建物の返還を求
めることができない。

2　第599条第1項及び第2項並びに第621
条の規定は、前項本文の規定により配偶
者が相続の開始後に附属させた物がある
居住建物又は相続の開始後に生じた損傷
がある居住建物の返還をする場合につい
て準用する。

（使用貸借等の規定の準用）

第1041条　第597条第3項、第600条、第
616条の2、第1032条第2項、第1033条
及び第1034条の規定は、配偶者短期居住
権について準用する。

第九章　（略）	第八章　（同左）
第十章　（略）	第九章　（同左）

資料6　民法改正の新旧対照条文

資料7 法務局における遺言書の保管等に関する法律

（趣旨）

第1条　この法律は、法務局（法務局の支局及び出張所、法務局の支局の出張所並びに地方法務局及びその支局並びにこれらの出張所を含む。次条第1項において同じ。）における遺言書（民法（明治29年法律第89号）第968条の自筆証書によってした遺言に係る遺言書をいう。以下同じ。）の保管及び情報の管理に関し必要な事項を定めるとともに、その遺言書の取扱いに関し特別の定めをするものとする。

（遺言書保管所）

第2条　遺言書の保管に関する事務は、法務大臣の指定する法務局が、遺言書保管所としてつかさどる。

2　前項の指定は、告示してしなければならない。

（遺言書保管官）

第3条　遺言書保管所における事務は、遺言書保管官（遺言書保管所に勤務する法務事務官のうちから、法務局又は地方法務局の長が指定する者をいう。以下同じ。）が取り扱う。

（遺言書の保管の申請）

第4条　遺言者は、遺言書保管官に対し、遺言書の保管の申請をすることができる。

2　前項の遺言書は、法務省令で定める様式に従って作成した無封のものでなければならない。

3　第1項の申請は、遺言者の住所地若しくは本籍地又は遺言者が所有する不動産の所在地を管轄する遺言書保管所（遺言者の作成した他の遺言書が現に遺言書保管所に保管されている場合にあっては、当該他の遺言書が保管されている遺言書保管所）の遺言書保管官に対してしなければならない。

4　第1項の申請をしようとする遺言者は、法務省令で定めるところによ

り、遺言書に添えて、次に掲げる事項を記載した申請書を遺言書保管官
に提出しなければならない。

一　遺言書に記載されている作成の年月日

二　遺言者の氏名、出生の年月日、住所及び本籍（外国人にあっては、
　国籍）

三　遺言書に次に掲げる者の記載があるときは、その氏名又は名称及び
　住所

　　イ　受遺者

　　ロ　民法第1006条第1項の規定により指定された遺言執行者

四　前3号に掲げるもののほか、法務省令で定める事項

5　前項の申請書には、同項第2号に掲げる事項を証明する書類その他法
　務省令で定める書類を添付しなければならない。

6　遺言者が第1項の申請をするときは、遺言書保管所に自ら出頭して行
　わなければならない。

（遺言書保管官による本人確認）

第5条　遺言書保管官は、前条第1項の申請があった場合において、申請
　人に対し、法務省令で定めるところにより、当該申請人が本人であるか
　どうかの確認をするため、当該申請人を特定するために必要な氏名その
　他の法務省令で定める事項を示す書類の提示若しくは提出又はこれらの
　事項についての説明を求めるものとする。

（遺言書の保管等）

第6条　遺言書の保管は、遺言書保管官が遺言書保管所の施設内において
　行う。

2　遺言者は、その申請に係る遺言書が保管されている遺言書保管所（第
　4項及び第8条において「特定遺言書保管所」という。）の遺言書保管
　官に対し、いつでも当該遺言書の閲覧を請求することができる。

3　前項の請求をしようとする遺言者は、法務省令で定めるところによ
　り、その旨を記載した請求書に法務省令で定める書類を添付して、遺言

書保管官に提出しなければならない。

4　遺言者が第2項の請求をするときは、特定遺言書保管所に自ら出頭して行わなければならない。この場合においては、前条の規定を準用する。

5　遺言書保管官は、第1項の規定による遺言書の保管をする場合において、遺言者の死亡の日（遺言者の生死が明らかでない場合にあっては、これに相当する日として政令で定める日）から相続に関する紛争を防止する必要があると認められる期間として政令で定める期間が経過した後は、これを廃棄することができる。

（遺言書に係る情報の管理）

第7条　遺言書保管官は、前条第1項の規定により保管する遺言書について、次項に定めるところにより、当該遺言書に係る情報の管理をしなければならない。

2　遺言書に係る情報の管理は、磁気ディスク（これに準ずる方法により一定の事項を確実に記録することができる物を含む。）をもって調製する遺言書保管ファイルに、次に掲げる事項を記録することによって行う。

一　遺言書の画像情報

二　第4条第4項第1号から第3号までに掲げる事項

三　遺言書の保管を開始した年月日

四　遺言書が保管されている遺言書保管所の名称及び保管番号

3　前条第5項の規定は、前項の規定による遺言書に係る情報の管理について準用する。この場合において、同条第5項中「廃棄する」とあるのは、「消去する」と読み替えるものとする。

（遺言書の保管の申請の撤回）

第8条　遺言者は、特定遺言書保管所の遺言書保管官に対し、いつでも、第4条第1項の申請を撤回することができる。

2　前項の撤回をしようとする遺言者は、法務省令で定めるところによ

り、その旨を記載した撤回書に法務省令で定める書類を添付して、遺言書保管官に提出しなければならない。

3　遺言者が第1項の撤回をするときは、特定遺言書保管所に自ら出頭して行わなければならない。この場合においては、第5条の規定を準用する。

4　遺言書保管官は、遺言者が第1項の撤回をしたときは、遅滞なく、当該遺言者に第6条第1項の規定により保管している遺言書を返還するとともに、前条第2項の規定により管理している当該遺言書に係る情報を消去しなければならない。

（遺言書情報証明書の交付等）

第9条　次に掲げる者（以下この条において「関係相続人等」という。）は、遺言書保管官に対し、遺言書保管所に保管されている遺言書（その遺言者が死亡している場合に限る。）について、遺言書保管ファイルに記録されている事項を証明した書面（第5項及び第12条第1項第3号において「遺言書情報証明書」という。）の交付を請求することができる。

一　当該遺言書の保管を申請した遺言者の相続人（民法第891条の規定に該当し又は廃除によってその相続権を失った者及び相続の放棄をした者を含む。以下この条において同じ。）

二　前号に掲げる者のほか、当該遺言書に記載された次に掲げる者又はその相続人（ロに規定する母の相続人の場合にあっては、ロに規定する胎内に在る子に限る。）

イ　第4条第4項第3号イに掲げる者

ロ　民法第781条第2項の規定により認知するものとされた子（胎内に在る子にあっては、その母）

ハ　民法第893条の規定により廃除する意思を表示された推定相続人（同法第892条に規定する推定相続人をいう。以下このハにおいて同じ。）又は同法第894条第2項において準用する同法第893条の規定により廃除を取り消す意思を表示された推定相続人

ニ　民法第897条第1項ただし書の規定により指定された祖先の祭祀
　　を主宰すべき者

ホ　国家公務員災害補償法（昭和26年法律第191号）第17条の5第3
　　項の規定により遺族補償一時金を受けることができる遺族のうち特
　　に指定された者又は地方公務員災害補償法（昭和42年法律第121
　　号）第37条第3項の規定により遺族補償一時金を受けることができ
　　る遺族のうち特に指定された者

ヘ　信託法（平成18年法律第108号）第3条第2号に掲げる方法に
　　よって信託がされた場合においてその受益者となるべき者として指
　　定された者若しくは残余財産の帰属すべき者となるべき者として指
　　定された者又は同法第89条第2項の規定による受益者指定権等の行
　　使により受益者となるべき者

ト　保険法（平成20年法律第56号）第44条第1項又は第73条第1項の
　　規定による保険金受取人の変更により保険金受取人となるべき者

チ　イからトまでに掲げる者のほか、これらに類するものとして政令
　　で定める者

三　前2号に掲げる者のほか、当該遺言書に記載された次に掲げる者

イ　第4条第4項第3号ロに掲げる者

ロ　民法第830条第1項の財産について指定された管理者

ハ　民法第839条第1項の規定により指定された未成年後見人又は同
　　法第848条の規定により指定された未成年後見監督人

ニ　民法第902条第1項の規定により共同相続人の相続分を定めるこ
　　とを委託された第三者、同法第908条の規定により遺産の分割の方
　　法を定めることを委託された第三者又は同法第1006条第1項の規定
　　により遺言執行者の指定を委託された第三者

ホ　著作権法（昭和45年法律第48号）第75条第2項の規定により同条
　　第1項の登録について指定を受けた者又は同法第106条第3項の規
　　定により同条第1項の請求について指定を受けた者

ヘ　信託法第３条第２号に掲げる方法によって信託がされた場合にお
　　　いてその受託者となるべき者、信託管理人となるべき者、信託監督
　　　人となるべき者又は受益者代理人となるべき者として指定された者
　　ト　イからヘまでに掲げる者のほか、これらに類するものとして政令
　　　で定める者
２　前項の請求は、自己が関係相続人等に該当する遺言書（以下この条及
　び次条第１項において「関係遺言書」という。）を現に保管する遺言書
　保管所以外の遺言書保管所の遺言書保管官に対してもすることができ
　る。
３　関係相続人等は、関係遺言書を保管する遺言書保管所の遺言書保管官
　に対し、当該関係遺言書の閲覧を請求することができる。
４　第１項又は前項の請求をしようとする者は、法務省令で定めるところ
　により、その旨を記載した請求書に法務省令で定める書類を添付して、
　遺言書保管官に提出しなければならない。
５　遺言書保管官は、第１項の請求により遺言書情報証明書を交付し又は
　第３項の請求により関係遺言書の閲覧をさせたときは、法務省令で定め
　るところにより、速やかに、当該関係遺言書を保管している旨を遺言者
　の相続人並びに当該関係遺言書に係る第４条第４項第３号イ及びロに掲
　げる者に通知するものとする。ただし、それらの者が既にこれを知って
　いるときは、この限りでない。
　（遺言書保管事実証明書の交付）
第10条　何人も、遺言書保管官に対し、遺言書保管所における関係遺言書
　の保管の有無並びに当該関係遺言書が保管されている場合には遺言書保
　管ファイルに記録されている第７条第２項第２号（第４条第４項第１号
　に係る部分に限る。）及び第四号に掲げる事項を証明した書面（第12条
　第１項第３号において「遺言書保管事実証明書」という。）の交付を請
　求することができる。
２　前条第２項及び第４項の規定は、前項の請求について準用する。

（遺言書の検認の適用除外）

第11条　民法第1004条第1項の規定は、遺言書保管所に保管されている遺言書については、適用しない。

（手数料）

第12条　次の各号に掲げる者は、物価の状況のほか、当該各号に定める事務に要する実費を考慮して政令で定める額の手数料を納めなければならない。

　一　遺言書の保管の申請をする者　遺言書の保管及び遺言書に係る情報の管理に関する事務

　二　遺言書の閲覧を請求する者　遺言書の閲覧及びそのための体制の整備に関する事務

　三　遺言書情報証明書又は遺言書保管事実証明書の交付を請求する者　遺言書情報証明書又は遺言書保管事実証明書の交付及びそのための体制の整備に関する事務

2　前項の手数料の納付は、収入印紙をもってしなければならない。

（行政手続法の適用除外）

第13条　遺言書保管官の処分については、行政手続法（平成5年法律第88号）第2章の規定は、適用しない。

（行政機関の保有する情報の公開に関する法律の適用除外）

第14条　遺言書保管所に保管されている遺言書及び遺言書保管ファイルについては、行政機関の保有する情報の公開に関する法律（平成11年法律第42号）の規定は、適用しない。

（行政機関の保有する個人情報の保護に関する法律の適用除外）

第15条　遺言書保管所に保管されている遺言書及び遺言書保管ファイルに記録されている保有個人情報（行政機関の保有する個人情報の保護に関する法律（平成15年法律第58号）第2条第5項に規定する保有個人情報をいう。）については、同法第4章の規定は、適用しない。

（審査請求）

第16条　遺言書保管官の処分に不服がある者又は遺言書保管官の不作為に係る処分を申請した者は、監督法務局又は地方法務局の長に審査請求をすることができる。

2　審査請求をするには、遺言書保管官に審査請求書を提出しなければならない。

3　遺言書保管官は、処分についての審査請求を理由があると認め、又は審査請求に係る不作為に係る処分をすべきものと認めるときは、相当の処分をしなければならない。

4　遺言書保管官は、前項に規定する場合を除き、3日以内に、意見を付して事件を監督法務局又は地方法務局の長に送付しなければならない。この場合において、監督法務局又は地方法務局の長は、当該意見を行政不服審査法（平成26年法律第68号）第11条第2項に規定する審理員に送付するものとする。

5　法務局又は地方法務局の長は、処分についての審査請求を理由があると認め、又は審査請求に係る不作為に係る処分をすべきものと認めるときは、遺言書保管官に相当の処分を命じ、その旨を審査請求人のほか利害関係人に通知しなければならない。

6　法務局又は地方法務局の長は、審査請求に係る不作為に係る処分についての申請を却下すべきものと認めるときは、遺言書保管官に当該申請を却下する処分を命じなければならない。

7　第1項の審査請求に関する行政不服審査法の規定の適用については、同法第29条第5項中「処分庁等」とあるのは「審査庁」と、「弁明書の提出」とあるのは「法務局における遺言書の保管等に関する法律（平成30年法律第73号）第16条第4項に規定する意見の送付」と、同法第30条第1項中「弁明書」とあるのは「法務局における遺言書の保管等に関する法律第16条第4項の意見」とする。

（行政不服審査法の適用除外）

第17条　行政不服審査法第13条、第15条第6項、第18条、第21条、第25条

第2項から第7項まで、第29条第1項から第4項まで、第31条、第37条、第45条第3項、第46条、第47条、第49条第3項（審査請求に係る不作為が違法又は不当である旨の宣言に係る部分を除く。）から第5項まで及び第52条の規定は、前条第1項の審査請求については、適用しない。

（政令への委任）

第18条　この法律に定めるもののほか、遺言書保管所における遺言書の保管及び情報の管理に関し必要な事項は、政令で定める。

　　　　附　則

この法律は、公布の日から起算して2年を超えない範囲内において政令で定める日から施行する。

【著者略歴】

岡野　訓（おかの　さとる）

税理士

昭和44年　熊本県天草市生まれ

平成14年　岡野会計事務所開設

平成20年　税理士法人熊和パートナーズ設立　代表社員就任

平成27年　税理士法人さくら優和パートナーズへ商号変更

主な著作

『実務目線からみた事業承継の実務』大蔵財務協会（共著）

『税理士が実務で直面する税務判断厳選20事案解決法』大蔵財務協会（共著）

『法人税の純資産』中央経済社（共著）　他多数

濱田康宏（はまだ　やすひろ）

税理士・公認会計士

昭和41年　広島県福山市生まれ

平成6年　太田昭和監査法人退所後、濱田康宏公認会計士事務所開設

平成19年　濱田会計事務所所長就任

主な著作

『役員給与』中央経済社

『個人間利益移転の税務』大蔵財務協会（共著）

『実践／一般社団法人・信託 活用ハンドブック』清文社（共著）

内藤忠大（ないとう　ただひろ）

税理士

昭和45年　静岡県湖西市生まれ

平成13年　内藤忠大税理士事務所開設

平成16年　愛知県豊橋市に事務所移転

主な著作

『実務目線からみた事業承継の実務』大蔵財務協会（共著）

『税理士が実務で直面する税務判断厳選20事案解決法』大蔵財務協会（共著）

『法人税の純資産』中央経済社（共著）　他多数

白井一馬（しらい　かずま）

税理士

昭和47年　大阪府藤井寺市生まれ

平成22年　白井税理士事務所開設

主な著作

『顧問税理士のための相続・事業承継業務をクリエイティブにする方法60』中央経済社

『一般社団法人　一般財団法人　信託の活用と課税関係』ぎょうせい（共著）

『実務目線からみた事業承継の実務』大蔵財務協会（共著）

村木慎吾（むらき　しんご）

税理士

昭和55年　大阪府八尾市生まれ

平成17年　税理士登録

平成21年　税理士法人トーマツ（現デロイトトーマツ税理士法人）退社後、村木税理士事務所開設

主な著作

『法人税の純資産』中央経済社（共著）

『国際的二重課税排除の制度と実務外国税額控除制度・外国子会社配当益金不算入制度』法令出版（共著）

『実務目線からみた事業承継の実務』大蔵財務協会（共著）他多数

北詰健太郎（きたづめ　けんたろう）

司法書士

昭和59年　岐阜県岐阜市生まれ

司法書士法人 F & Partners

主な著作

『わかる！ 相続法改正』中央経済社（共著）

『論点解説／商業登記法コンメンタール』きんざい（共著）

『少額債権の管理・保全・回収の実務』商事法務（共著）

『法人・組合と法定公告』全国官報販売協同組合（共著）

速報版　税理士が押さえておきたい民法相続編の改正

2018年 8 月20日　初版発行
2018年10月 5 日　第 2 刷発行

著　者　　岡野　訓／濱田康宏／内藤忠大 ©
　　　　　白井一馬／村木慎吾／北詰健太郎

発行者　　小泉　定裕

発行所　　株式会社　清文社
　　　　　　　　　　　　東京都千代田区内神田 1 - 6 - 6 　（MIF ビル）
　　　　　　　　　　　　〒101-0047　電話03（6273）7946　FAX03（3518）0299
　　　　　　　　　　　　大阪市北区天神橋 2 丁目北 2 - 6 　（大和南森町ビル）
　　　　　　　　　　　　〒530-0041　電話06（6135）4050　FAX06（6135）4059
　　　　　　　　　　　　URL http://www.skattsei.co.jp/

印刷：亜細亜印刷㈱

■著作権法により無断複写複製は禁止されています。落丁本・乱丁本はお取り替えします。
■本書の内容に関するお問い合わせは編集部まで FAX（06-6135-4056）でお願いします。
＊本書の追録情報等は、当社ホームページ（http://www.skattsei.co.jp/）をご覧ください。

ISBN978-4-433-65088-9